O PROBLEMA DO MAL

ENSAIO

CB065232

Impresso no Brasil, outubro de 2014

Título original: *Le Problème du Mal*
Copyright © Presses Universitaires de France

Os direitos desta edição pertencem a
É Realizações Editora, Livraria e Distribuidora Ltda.
Caixa Postal: 45321 · 04010 970 · São Paulo SP
Telefax: (11) 5572 5363
e@erealizacoes.com.br · www.erealizacoes.com.br

Editor
Edson Manoel de Oliveira Filho

Gerente editorial
Sonnini Ruiz

Produção editorial
Liliana Cruz

Preparação de texto
Juliana Ferreira da Costa

Revisão
Vero Verbo Serviços Editoriais

Capa
André Cavalcante Gimenez - Estúdio É

Projeto gráfico e diagramação
Mauricio Nisi Gonçalves - Estúdio É

Pré-impressão e impressão
Assahi Gráfica e Editora

Reservados todos os direitos desta obra.
Proibida toda e qualquer reprodução desta edição
por qualquer meio ou forma, seja ela eletrônica ou mecânica,
fotocópia, gravação ou qualquer outro meio de reprodução,
sem permissão expressa do editor.

ÉTIENNE BORNE

O PROBLEMA DO MAL

Mito, razão e fé
o itinerário de uma investigação

Tradução
Margarita Maria Garcia Lamelo

Prefácio
Caio Liudvik

É Realizações
Editora

SUMÁRIO

Prefácio, *por Caio Liudvik* 7
Introdução – A situação do problema 17

1. O mal como paixão e como pensamento 27
   O mal e o discurso idealista 27
   As provas que causam problema: do discurso sobre o mal à angústia do mal 33
   Da vaidade de algumas distinções conceituais 51
   O pensamento e a paixão 55

2. As falsas confidências do mito 61
   Do mito em geral 61
   Do mito como sonho de libertação 67
   Da beleza como mito 77
   Além do mito: um impasse e uma abertura 85

3. A sabedoria em questão 93
   Da sabedoria em geral: suas três categorias fundamentais – totalidade, necessidade, beleza 93
   A sabedoria, múltipla e una 101
   Divisão e perenidade da sabedoria 111

4. O ateísmo purificador 121
   A dialética do otimismo e do pessimismo 121
   O movimento retrógrado das provas da existência de Deus e o significado do ateísmo 128
   Além do ateísmo: o argumento ontológico e a aposta 138

5. A salvação pela paixão 147
A imoralidade sem paixão 147
A paixão do filho do homem: Prometeu e Cristo 153

Nota bibliográfica.. 157

PREFÁCIO

Caio Liudvik[1]

Étienne Borne (1907-1993), filósofo, jornalista e um dos maiores expoentes da chamada democracia cristã na França, participou do círculo de amigos e colaboradores diretos de Emmanuel Mounier e George Bidou. Não seguiu carreira eleitoral, mas exerceu um jornalismo político de grande repercussão em páginas de veículos como *Esprit*, *L'Aube*, *Temps Présent*, *Forces Nouvelles*, *La Croix*, *Terre Humaine*, *France Forum*, *Démocratie Moderne*.

Aluno da Escola Normal Superior na década de 1920, conviveu com nomes como Simone Weil, Raymond Aron e Jean-Paul Sartre, novos pensadores de sua geração. Obteve a *agrégation* em Filosofia em 1930, e tornou-se professor no prestigiado Liceu Henri IV, na cadeira que fora ocupada por seu mestre Alain. Foi professor de Filosofia e Psicologia na Universidade de São Paulo em 1934, na primeira leva da missão francesa de docentes que fundaram o ensino naquela instituição.

Vinculou-se ao personalismo de Emmanuel Mounier (colaborou com sua revista *Esprit* nos anos 1930),

[1] Sociólogo, jornalista e doutor em Filosofia pela Universidade de São Paulo.

Jacques Maritain e François Mauriac, e ao cristianismo social de Marc Sangnier.

Participou da Resistência antinazista em Toulouse e, depois da Liberação, atuou ativamente na criação do MRP (Moviment Républicain Populaire), de cujo veículo *Terre Humaine* foi editor entre 1951 e 1957. Com posições mais à esquerda, embora crítico do comunismo soviético, desempenhou o papel de elo entre o cristianismo social, que pautava o partido, e o movimento trabalhista francês. Proferiu em 1954, no congresso do partido, o célebre discurso em que defende ardorosamente a causa da unificação europeia, posição que o levou a acirrada controvérsia com Joseph Hours, que acusou o MRP de "antipatriótico" em virtude do ideário europeu, que para Borne tinha também a dimensão de uma terceira via contra a bipolaridade da Guerra Fria. Foi secretário-geral do Centre Catholique des Intellectuels Français (CCIF).

Além de *O Problema do Mal*, escreveu ensaios filosóficos como "Essai sur l'Athéisme Contemporain" e "Le Travail et l'Homme".

Suas duas principais referências políticas são dois pensadores cristãos: Marc Sangnier (1873-1950) e, de sua geração, Emmanuel Mounier (1905-1950), grande expoente de um personalismo comunitário concebido como terceira via, humanista, entre o liberalismo e o comunismo. Segundo esse personalismo, "uma ação é boa na medida em que respeita a pessoa humana e contribui para sua realização; caso contrário, a ação é má". Mounier vê assim a diferença entre indivíduo e pessoa: "O indivíduo é a dissolução da pessoa na matéria. [...] Dispersão, avareza, eis as duas marcas da individualidade".

Sangnier, por sua vez, propugnou um catolicismo progressista que se abrisse, sob a inspiração da Encíclica "Rerum Novarum" (1891) do papa Leão XIII, a agendas de seu tempo, como a democracia e a educação popular. Borne fez suas essas bandeiras políticas, além do princípio da laicidade estatal. Sobre sua posição política de centro, argumentou num artigo de 1975 que: "Há [...] uma verdade do ultrapassamento [que] não se desvincula de um efeito difícil de crítica e de invenção, de reconciliação e de síntese que possa dar seu verdadeiro conteúdo à ideia de centro". Mas ele entende que uma "sabedoria excessivamente sensata, precavida contra todos os excessos, parece deixar traços menos profundos na história que as ambições desmedidas ou as vívidas. Assim, Robespierre, Bonaparte ou Lênin contarão mais que Lafayette ou Kerenski". A função primordial de uma política de centro deverá ser se opor, por sua própria existência, aos "fanatismos políticos presentes nos raciocínios do tipo 'quem não está comigo, está contra mim', que se sustentam na busca da destruição e da desqualificação um do outro [...]".

O problema do mal

Podemos identificar ressonâncias da "vita ativa" de Borne na "vita contemplativa", que se expõe com maestria para o leitor deste ensaio de 1958. De saída, o fanatismo ideológico das "sociedades fechadas" é mencionado como uma das figurações por excelência do Mal. Pouco depois, o filósofo, de modo geral extremamente crítico das pseudoexplicações míticas para a origem e a superação do Mal, elogia Homero pelo descentramento antietnocêntrico que faz com que o Olimpo, na *Ilíada*, se divida em deuses engajados a favor dos gregos e dos troianos – metáfora de outra dimensão da malignidade histórica, o conflito irredutível de valores que, segundo Hegel, é essencial à etapa do Espírito humano retratada pela tragédia grega, ou que, para Schopenhauer, mais que "etapa" evolutiva da Razão, é revelação do eterno autodilaceramento da Vontade irracional que engendra e rege, qual cruel demiurgo gnóstico, a existência universal. O poeta assim

> mergulha mais profundamente na inteligência do conflito do que os senhores modernos da guerra ou da revolução também totais, que proclamam numa linguagem falsamente positiva "Deus está conosco" ou "a história está conosco". A mitologia pode eventualmente ser menos mentirosa do que a ideologia: esta estuda o problema do mal através da diversão fanática ou da mistificação

> política; aquela através do claro-escuro do símbolo encontra-o na sua realidade dramática.[2]

Vemos por esta citação que o fanatismo, para Borne, é uma das figuras maiores do Mal, mas também do *divertissement*, noção pascaliana, de larga fortuna na tradição dos moralistas franceses a que este ensaio sem dúvida se filia, para a série de quimeras especulativas e ocupações práticas que os homens forjam para fugir da perplexidade, do tédio e do desespero – numa palavra, da angústia, que para Borne é a palavra que resume a conduta de consciência, em sentido fenomenológico, que se define pela intencionalidade (isto é, a tensão suscitada pelo objeto de que é consciência) do pensar, ou melhor, do afeto pensante, do "reflexo" (de surpresa, recuo e repulsa) que já é "reflexão", hominização ("a criança que sofreu inventa o homem"). Trata-se do momento fundador da própria consciência humana ante o escândalo do Mal, esse desacordo irredutível – seja pelo terremoto de Lisboa, seja pelo inferno de Auschwitz, isto é, seja pelo terror cósmico, seja pelo terror histórico – entre nossas expectativas de felicidade, amor e dignidade e a realidade bruta de destrutividade, indiferença e hostilidade "impessoais", em contraste com a dimensão que a filosofia personalista confere à pessoa como cerne de singularidade ética, estética e metafísica, que faria de nós mais que meros

---

[2] Ver, neste livro, p. 41.

e descartáveis espécimes de espécies, com que a natureza, segundo Schopenhauer, pouco se importa.

Se elogia a imagem homérica do "politeísmo de valores" – para lembrar a expressão com que Max Weber pensa a corrosão da unidade platônico-medieval do Belo, do Bem e do Verdadeiro na modernidade –, Borne é implacável contra pretensões a encontrar na mitologia, bem como em qualquer sistema de "sabedoria", de Parmênides e Heráclito a Leibniz ou Hegel, uma forma de explicação e apaziguamento imaginário (ou seja, *divertissement*) das realidades que esses discursos "idealistas" pretendem recobrir com seus símbolos. Ao contrário dos símbolos que o equacionam, a redenção do sofrimento deveria permanecer quando muito uma Ideia reguladora à maneira de Kant, horizonte de esperança nunca exaurida, mas tampouco consumada, e que deve instigar um heroísmo sem afetação, mas com prontidão ética e política (de novo a confluência da *vita ativa* e *contemplativa*) como a de um doutor Rieux, de *A Peste*, de Albert Camus, de agir contra o Mal nos limites da possibilidade humana, sem ilusões de erradicação absoluta dele, desmesurado anseio mitológico que, logo, por retorno do recalcado, se degrada em totalitarismo e perpetuação aumentada do Mal que visava a suprimir – eis, aliás, uma diferença essencial, no âmbito das filosofias existenciais do século XX, entre a revolta camusiana, com que Borne revela afinidades, e a revolução propugnada pelo Sartre marxista.

"Nenhuma explicação suficiente; é o escândalo da razão. Que importam as fórmulas abstratas com que nos iludimos ou as teorias gerais com que nos armamos" – Borne parece fazer suas estas palavras de Maurice Blondel, no espírito das quais nos adverte de que a busca de Deus – irmã gêmea do problema do Mal – deve se despojar, num gesto tipicamente judaico e antipagão de "êxodo" para além das idolatrias poéticas e (ideo)lógicas – vide seu elogio apaixonado ao povo iconoclasta, filosófico por excelência, do qual a coragem inquiridora de um Jó, um Freud ou mesmo um Marx são emblema e também foco do ódio e da inveja inquisitoriais de inimigos totalitários ao longo das eras.

Se se define etimologicamente como amor à sabedoria, a filosofia nem por isso se livra da angústia que lhe serve de primeiro motor, até pelo fato de que seu desejar comporta um não possuir o objeto de suas aspirações e trilhar um caminho de provas iniciáticas que, fazendo jus à etimologia da angústia, o cristão autêntico sabe ser uma porta estreita, inclusive no confronto com certo ateísmo purificador, entendido por Borne como dado de uma evolução dialética do espírito humano ao longo da história. Negar a negação ateia e perseverar na fé: uma decisão que não pede a forma de uma regressão infantilista a algum "princípio do prazer" mitopoético de reconciliação com o Absoluto, do qual a modernidade niilista nos distancia ou põe em tensão. O homem moderno leva a extremos "o problema do Mal" e seu gêmeo, para a consciência religiosa, o problema de Deus. Recoloca em tinturas inauditas a dificuldade de crer num Deus bom e todo-poderoso num mundo que – como a própria Bíblia afirma – jaz no maligno. A senda da autenticidade existencial é de tensão e paradoxo, e parece, como a dimensão política do credo de Borne aponta, ser de "centro". Um cristão "centrado" não em algum ponto médio entre liberais e marxistas, como na arena política, mas na conjunção dos opostos de sentido e absurdo, transcendência e imanência, que permite ainda não perder pé da cidade de Deus em meio a uma cidade dos homens cravejada entre os obscurantismos reacionários e os "iluminados" pela razão esclarecida e pelas piras sacrificiais de uma modernidade erigida ela própria em sistema fechado de racionalismo que tenta "racionalizar", com a truculência dos recalques freudianos, a esperança por Deus e suas consequências éticas e espirituais no aqui-agora. Pelo exasperante itinerário que nos priva de pseudossoluções racionalizantes, Borne nos parece deixar ante a liberdade de escolher ou não uma fé que não se cega à razão, mas que lhe transcende as pretensões de autossuficiência, no salto existencial de Kierkegaard, na aposta de Pascal. Uma fé desmi(s)tificada e, assim, capaz de resistir à tentação – que em âmbito político equivaleria a traição da democracia, regime da negatividade, tensão e não resposta absoluta por excelência – por quaisquer "soluções finais" totalitárias que nos livrem do abismo e nos lancem no inferno – da regressão aos estágios infantis em que o espírito humano se contentava em confundir sua aspiração de sentido com o repouso efetivo numa explicação para os dilacerantes enigmas da vida.

Insistir na angústia – ou seja, na consciência do Mal – como "paixão", no duplo sentido do confronto ardoroso e do sofrimento sem subterfúgios, é o convite dessas meditações primorosas, na contramão de nossa civilização que parece ter decidido banir toda consciência de culpa, decretar que pecado é não ser "feliz", pelos padrões de nossa autoestima narcísica e superficial, e se intoxicar de antidepressivos e tagarelice que de alguma forma pudessem (mas não podem) calar o escândalo do Mal.

INTRODUÇÃO

A situação do problema

No ensino, costuma-se tratar o problema do mal quando já se fez todo o resto, em um último capítulo da metafísica, no fim dos livros didáticos e dos cursos de filosofia. Então, nessa terra distante e inacessível – conseguiremos chegar um dia à metafísica e quem será capaz de terminar a metafísica? – os otimismos e os pessimismos se enfrentam de acordo com as retóricas estabelecidas. Isso significa que deveríamos, enfim, deixar a escola e as conversas eruditas. Chegaria, então, se não fosse tarde demais e se fossem enunciadas na sua nudez, o momento das questões sérias de fato: apesar da dor, do fracasso e da morte, a vida vale a pena ser vivida? As razões de viver normalmente evocadas pelos homens resistem ao irreparável da infelicidade, às ironias cruéis e mentirosas da sorte e do infortúnio? O mal que existe no homem, falta atual ou malícia virtual, cria para ele um destino invencível ou ele pode ser reparado, apagado, resgatado, e segundo que recursos humanos ou sobre-humanos de sabedoria e salvação?

A interrogação coloca em questão ao mesmo tempo o sentido do universo e o da história: o homem, que é, com bastante frequência, inimigo do homem, sobretudo quando se isola no fanatismo das sociedades fechadas, poderia por ventura ou definitivamente reconciliar-se com o seu próximo e dessas relações de violência e de ódio que são o tecido mais constante da história, que virtude ou graça seria capaz de fazer surgir na fraternidade humana uma cidade enfim harmoniosa? Afinal, num mundo em que o mal adquire formas tão múltiplas, tão engenhosamente renovadas e com uma eficácia em geral devastadora, que chances tem um bem demasiadamente difícil de ser reconhecido, definido, praticado e que só propõe, às vezes, num céu incerto a figura de um idealismo abstrato? E, por fim, sabemos de fato, nesse lugar da confusão a que estamos condenados ou convidados a viver, o que é o bem e o que é o mal, de tanto que estão desesperadamente misturados um ao outro?

Perguntas desse tipo são evocadas indefinidamente e giram de maneira tão precipitada que causam vertigem no pensamento humano à medida que a reflexão adquire a densidade e a gravidade da meditação. A filosofia passa, portanto, por uma prova difícil, pois ela começa a duvidar de si mesma e do seu poder. As inquietações pelas quais acabamos de passar podem nos ter levado além da filosofia, pois os limites entre a pura filosofia e seus outros aspectos que se denominam arte, política e religião, são aqueles que ultrapassamos sem perceber que mudamos de mundo, de tão invisível que a fronteira é para o olhar e por ser tecnicamente irreparável. A filosofia teria qualidade e competência para colocar o problema em todas as suas dimensões, mas não é certo que ela possa resolver com os meios disponíveis uma questão que se refere a todo o destino do homem. Para adequar-se a uma verdadeira solução, a filosofia deveria dilatar-se indefinida e abusivamente até se tornar a totalidade do espírito; contudo, ela só constitui uma parte e não a principal, ou só um momento, nem o primeiro nem o último.

Tratar o problema do mal também é, portanto, e numa circunstância decisiva, mensurar a filosofia, dispor-se a poder determinar os seus limites e o seu valor. Por conseguinte, não existe grande doutrina filosófica que não saiba onde a espera a prova fundamental e que não se sinta ao mesmo tempo seduzida, intimidada, rejeitada por esse problema do mal: assim se encontra um homem presa da sedução e da angústia dessa vocação, dessa obra ou desse amor a respeito dos quais ele não ignora desde o começo que será levado por eles ao seu próprio extremo, onde lhe será revelado de forma inapelável o veredicto da sua própria verdade. Daí vêm essas tergiversações e indecisões numa filosofia e numa vida humana que atrasam esse confronto com o essencial.

***

E mais: o mal como problema torna a própria filosofia problemática, obriga-a a colocar em questão a sua existência com seu significado. Quem coloca sinceramente o problema não sabe se se verá obrigado, no fim, a concluir contra a filosofia. A possibilidade só poderia de fato ser excluída, *a priori, no mundo tal como é e tal como anda, contanto que exista o incompreensível e o injustificável, pelo menos para o pensamento filosófico, e este deveria então assinar a sua própria abdicação ou talvez mudar radicalmente de natureza numa metamorfose mortificante e imprevisível.*

Ao enfrentar o problema do mal, a filosofia assume, portanto, um risco total, aceitando que, enquanto não atravessar o fogo dessa questão, ela não sabe bem o que é, tampouco se é. Num campo como esse, não poderia haver filosofia sem coragem, ou mesmo sem heroísmo, se o heroísmo consiste simplesmente em expor-se à morte para realizar o seu dever. O problema do mal força a filosofia ao heroísmo.

Dessa maneira, compreende-se melhor que o hábito escolar de colocar o problema do mal no fim da filosofia não satisfaz somente uma comodidade pedagógica, tamanha a abundância de significados múltiplos e opostos: isso significa manter a distância um problema que não pode ser considerado de perto e fixamente? Tendo preenchido todas as condições prévias e todas as verdades úteis acumuladas, trata-se de determinar a finalidade derradeira de uma filosofia, que se tornou, enfim, com honra e felicidade, a metafísica? Anunciaremos a morte, a realização ou a ressurreição de toda a sabedoria? Não se sabe, nenhuma dessas possibilidades pode ser recusada de antemão.

O problema do mal coloca um ponto final na filosofia, permitindo, se for resolvido, o acordo final; se for insolúvel, anuncia o seu fim, ou promete alguma promoção além de si mesma. Não decidiremos no estado das preliminares; pelo menos suspeitamos que o horizonte esteja bloqueado e, se o seu destino tivesse que deixar de existir, a segurança da estrada já teria traído o viajante.

***

Metáfora ainda aproximativa: é preciso afastar as imagens e compreender que um problema-limite como o do mal, ao mesmo tempo que suscita uma dúvida sobre a filosofia, poderia elucidar a natureza da filosofia, desvendar a Ideia exemplar da qual participa, pois o tempo das crises também é o da revelação das essências. Questão de fronteiras, o problema do mal poderia, então, ser o tipo característico do problema filosófico, que seria reconhecido por meio desse sinal que é colocar em questão a filosofia e a urgência de se superar no sentido de alguma realização de cultura e ação, de arte ou religião. Essa "Ultima Thule" seria então nossa terra familiar e cotidiana.

Assim o problema do mal contaminaria aos poucos todos os problemas filosóficos, os quais, assim que se referem ao humano, tornam a filosofia problemática. Necessária como um momento inelutável, a filosofia poderia não se bastar, uma vez que vem de uma experiência e prova para encontrar sua solução em outra experiência e prova.

Considerada na dialética concreta que a ultrapassa, a filosofia só ocupa, abandonada ao tormento da contestação de si, um precário espaço intermediário. A filosofia é um caminho, e um caminho só é verdade quando se reconhece como caminho. A situação do problema do mal no conjunto da problemática filosófica não deixa de nos esclarecer sobre a situação da metafísica enquanto tal em relação à existência humana.

***

O problema do mal está, portanto, no fim; mas é evidente que o derradeiro é aqui o essencial e engloba todo o resto, que o fim habitava misteriosamente a origem. A inquietação fundamental do homem (que os nossos contemporâneos chamam de angústia e, apesar do romantismo dessa linguagem, adotaremos um uso que se tornou comum), a angústia é, portanto, independentemente da máscara que coloquemos nela, um movimento de recuo que vai do mal-estar ao horror diante da revelação do mal. Se não há sentimento sem objeto segundo uma velha lei redescoberta pela fenomenologia contemporânea, "a intencionalidade" da angústia é, tentaremos mostrar, exatamente o mal. Angústia e angústia do mal são, portanto, uma coisa só e que poderia, ainda por cima, ter o papel de princípio primeiro e de incentivo constante da busca filosófica. Isso significa dizer, em outras palavras, que alfa e ômega se reúnem e que o problema do mal se mostra no fim, visto que estava no começo. Foi possível adiar em função do número de digressões o momento do encontro, mas sabia-se desde o início que seria preciso chegar a esse último encontro, e se o seu chamado não tivesse sido confusamente percebido, não teríamos ido.

Mais do que sobre o ser e o nada – abstrações secundárias – o debate filosófico é sobre essas realidades essenciais que são o significado e o não significado, ou seja, sobre o bem e o mal metafisicamente considerados; pois onde estaria, se é que existe, o absoluto do mal senão no não significado radical, e onde está o absoluto do bem senão em alguma Perfeição ou Valor que por excesso de significado deve possuir a plenitude da existência? A angústia que traz alimento e impulso à filosofia não é senão, usando desta vez uma linguagem clássica, uma surpresa de pensamento diante do escândalo do mal que, infelicidade absoluta ou crime inexpiável, ameaça, por um contágio impossível de ser conjurado, retirar o significado da existência humana e do ser universal. A angústia apreende o mal *na* existência; ela teme ser reduzida a confessar o mal *da* existência; e ela se move inteiramente entre essa realidade e essa possibilidade. Uma filosofia animada pela angústia não deve renegar a sua etimologia e continua sendo o amor pela sabedoria, definição menos serena do que parece inicialmente, pois amar não é possuir, e a filosofia continua sendo o amor pela sabedoria, tornando-se, então, a busca ansiosa de um significado liberador através dos estreitos desfiladeiros da angústia.

***

Dessas poucas precauções, extrairemos a síntese de um método e a ordem de uma pesquisa, evidentemente sumária.

O conhecimento do mal não é puramente especulativo. Sofrimento ou pecado, o mal não poderia ser objeto de ciência objetiva e desinteressada. O homem, todo espírito, coração e corpo, encontra e sofre o mal, o homem enquanto homem e não somente o homem enquanto razão. Como a angústia é esse sentimento total do mal, proporemos, num primeiro capítulo, uma fenomenologia ou simplesmente uma descrição dessa angústia, insistindo nessas extremidades singulares da infelicidade ou do crime nas quais o mal parece ter um destino.

Várias atitudes são assim possíveis: enganar a angústia e transfigurá-la ou acalmá-la imaginariamente através do mito e da arte, cujas funções se confundem, visto que são irmãos gêmeos, e esse questionamento da mitologia será o tema do nosso segundo capítulo; ou então filosofar contra a angústia, tentar vencê-la pela razão, ou seja, convencê-la da ilusão de tanta sabedoria, e estaremos aqui no cerne e no coração da maior dificuldade do nosso propósito num terceiro capítulo no qual nos perguntaremos se a filosofia é capaz de ser a grande vitoriosa na prova que lhe impõe o encontro com o problema do mal.

O duplo fracasso da mitologia e de uma filosofia racional de um extremo ao outro não deveria significar a morte da esperança: basta filosofar na angústia de levar ao ponto mais distante possível a sua insustentável lógica, buscar na exasperação dessa angústia a tentativa de um itinerário em direção a Deus, Deus sendo doravante cuidadosamente diferenciado de um mito de beleza que revestiria o ser universal com harmonia estética, assim como com um princípio lógico que engloba, explica e justifica a totalidade das existências. O nosso quarto capítulo será o breve esboço de uma metafísica que, uma vez afastados os ídolos poéticos e lógicos, reuniria a dialética da angústia existencial e a mística do argumento ontológico, garantindo, dessa maneira, a passagem da filosofia para uma teologia. Um quinto e último capítulo tentará retomar as atitudes concretas do homem diante do mal, descobrir que a angústia contém não somente uma metafísica, mas também uma ética, que não se confunde com um moralismo formal, mas vai ao encontro de uma política e de uma religião.

O grande espaço que se dá neste ensaio à reflexão sobre a mitologia, assim como a um começo de teologia, poderá surpreender, pois ambas estão profundamente enraizadas na nossa condição. Nesse sentido, são eternas, porque, por mais que seja capaz de fazer um esforço bem-sucedido a fim de buscar e, com frequência, de encontrar somente no homem a verdade dos deuses, a razão que confia na sua própria lei está destinada a essa alternativa, fugir de Deus, cobrindo-se com mitologia ou sobrepor-se à mitologia recorrendo a uma teologia. A mediação metafísica no problema do mal respeita o ritmo da angústia que estreita cada vez mais o caminho dos homens até a alternativa final: o mito ou Deus. Então, o próprio método se transforma em doutrina. A doutrina para então nesse limite abrupto em que a antinomia só pode ser esclarecida ou resolvida por uma opção. No ponto mais alto do promontório, a contemplação pode ser sublime, mas os caminhos pararam, a decisão suprema fica pendente e a angústia permanece. Pois o conhecimento mais perspicaz jamais abolirá a liberdade.

1

O MAL COMO PAIXÃO E COMO PENSAMENTO

O mal e o discurso idealista

A tradição filosófica distingue o "mal físico" ou dor e o "mal moral" ou falta, que evidentemente pertencem à condição humana. O problema do mal existe a partir do momento em que um e outro mal se mostram como capazes de colocar em perigo o julgamento positivo de valor que, sem eles, o homem teria sobre a sua própria existência e sobre a ordem universal. Portanto, todo mal, "físico" ou "moral", no sentido de implicar uma possível desvalorização do ser, torna-se um "mal metafísico".

Se o idealismo é essa filosofia segundo a qual o espírito só coloca os problemas que pode resolver imediatamente através dos recursos que lhe são próprios e que bastaria mostrar sem sair de si mesmo, o discurso idealista sobre o mal terá a missão de dissolver o problema metafísico do mal. Se, de fato, a consciência que temos do mal tivesse esse poder de retirar-lhe tudo o que tem, pelo menos aparentemente, de ininteligível e intransponível, o problema clássico do mal se tornaria o típico falso problema. Com o conhecimento do mal, o espírito imanente a toda consciência seria o remédio para o sofrimento e a salvação para o pecado. O mal que se tornou pensamento deixaria de nos atormentar como uma paixão, de nos oprimir como destino. O discurso idealista nos propõe de antemão um itinerário tentador: não se pode saber quão curto é e que conduz a um impasse, sem antes experimentar sua encosta fácil. Assim veríamos melhor por que o problema metafísico do mal resiste ao discurso idealista.

É típico do discurso idealista descobrir primeiramente um *cogito* tranquilizador dentro da própria dor – que sempre é sofrimento humano e sofrimento pensado. Evidentemente, existe uma dor animal que constitui um enigma considerável na natureza, mas é possível sem incoerência imaginá-la imediatamente bloqueada, desprovida de apreensão e de memória, reduzida à sensação obscura de um comportamento desequilibrado, enfim diferente na sua essência da dor humana. Esta, embora seja indefinível e passível de ser conhecida somente na prova subjetiva que temos dela, não é exatamente um dado imediato da consciência. Ela não possui a simplicidade já teórica do prazer; assim que nasce ela se torna uma questão dentro do ser que a vive e a despeito dele a mantém e a alimenta; ela provoca esse desdobramento que é próprio do pensamento no homem. Portanto, nenhuma dor é somente "física" ou sensível, tampouco natural. Toda dor é moral, toda dor é do espírito, suscitando justamente por causar dor, por ser incômoda ou intolerável, um esforço para esquecê-la, enganá-la pela diversão ou vencê-la pelo conhecimento objetivo de suas causas, ou um impulso de protesto e revolta que é o mesmo dilaceramento interno e o mesmo despertar do pensamento.

Portanto, a dor tira o homem do sono da natureza; ela o coloca nessa atividade de alerta, vigilância e negação, que definiria o espírito no homem, segundo alguns dos nossos contemporâneos que, apesar de serem de tradição clássica ou existencialista, são, de Alain a Sartre, discípulos do discurso idealista. A sua tese é sem dúvida forçada e parcial, mas a sua coerência é facilmente explicável se a aversão em relação à dor tem algo de original e que movimenta os nossos recursos intelectuais e espirituais até então adormecidos.

Não objetaremos ao discurso idealista o seu tema inicial: o nascimento do espírito no homem se inscreve verdadeiramente num propósito de não resignação ao mal, e o homem não descobriria a sua alma sem uma primeira prova de resistência. Sem dúvida, esse movimento de surpresa, de recuo e de reação diante de um mal que penetrou em nós tem algo de natural, mas que ao mesmo tempo, o discurso idealista tem razão, rompe com a natureza e a ultrapassa, e vai para uma região indeterminada, uma nuvem a respeito da qual não se sabe se é irreal ou surreal, visto que é mãe dos possíveis. Uma resposta deve ser inventada, mas que ainda não tem forma; o vivido não é tolerável, portanto não será tolerado; o gesto de recuo diante da dor, único reflexo que já é reflexão, é completamente diferente de uma tendência instintiva, que sabe de forma obscura aonde vai e que é prisioneira de determinismos e de finalidades. O movimento de resistência ao mal surge como uma explosão num vazio, mas um vazio que se destina a suscitar criação e decisão; vazio que é um falso nada, pois é um poder a ponto de pensar e agir, vazio semelhante ao nada de onde sai um mundo novo. A criança que experimenta na impaciência a sua vulnerabilidade à dor está, a partir desse momento, apta a imaginar precauções, prudências, bravatas, toda uma conduta de rodeio, astúcia, coragem deliberada ou adiada que é da ordem do espírito e que rompe com os pesos e as fatalidades de um processo animal e natural. Descobrindo a desconfiança e o desafio, a criança que sofreu inventa o homem. E esse debate do espírito com o mal tecerá toda a trama de uma existência humana: quando está prestes a ruir pela doença ou pela infelicidade, o homem, entregando-se ao curandeiro, ao médico, ao padre, com esse pedido demonstra que, por não consentir ao seu declínio e à sua morte, ele é por seu espírito maior que a sua dor, mesmo que o seu espírito seja filho da sua dor.

Dessa verdade indiscutível de que toda dor humana é sofrimento do espírito, o discurso idealista tenta deduzir que o mal da dor traz em si mesmo a possibilidade e a realidade da sua própria solução. O porquê não é claro quando o espírito responde pelo espírito? Se é uma inquietação geradora de pensamento, fonte da técnica inteligente e da ação propriamente humana, cava-se no homem uma dimensão de interioridade, cria-se uma distância entre o homem e a natureza, se é uma experiência de desapego e não adesão, o sofrimento não impõe de uma vez a cada um de nós a certeza da realidade e do valor do seu espírito e do Espírito? Dessa forma, o sofrimento se tornaria humano, ele não seria mais dor bruta e muda como uma parede, mas caminho escarpado e claro para uma ascensão mais alta. Ele traria o seu significado em si mesmo e somente amedrontaria as coragens medíocres e que já abdicaram. O mal da dor seria resgatado pelo espírito que reflete sobre a dor.

***

O discurso idealista dará pelos mesmos métodos uma face tranquilizadora semelhante ao mal da falta. A consciência da falta não seria, de fato, remédio único e salvação necessária? O espírito não é a única força capaz internamente de libertar e absolver? E aqui o tema inicial ainda não parece contestável: a falta só é falta quando é confessada interiormente na clareza da consciência. Mas o discurso idealista cria um sistema desse começo de intuição: só há falta, ele dirá, para um culpado arrependido, mas que não é mais culpado por ser, ao refletir sobre a sua falta, projetado além da sua falta. A confissão para si é perdão para si. A palavra que fala e objetiva a falta já a exorciza, mesmo sendo num diálogo secreto. Imaginar um demônio sabendo que faz o mal e não penitente apesar de sua ciência de espírito puro é, para o discurso idealista, mitologia monstruosa e absurda. O conhecimento do mal, derrota decisiva para o mal, impediria de novo, portanto, que o mal trouxesse problemas.

Provêm, então, do discurso idealista, alguns lugares comuns moralizadores: fazendo o mal, causei mal para mim, eu me diminuí, eu me particularizei, obscureci, materializei, e esse mal, tão justamente determinado na consciência da falta, é transponível por exercício, visão amplamente sintética da sociedade e do mundo, propósito de subordinar o presente ao futuro, o singular ao universal. Um projeto de compensação esclarece, então, o significado do mal moral: a lição da falta ensina uma virtude de exigência para si e de indulgência em relação ao outro, que é, porque não, toda uma moral. Tal é o *felix culpa* sem mistério e sem misticismo de uma exegese banalmente idealista da falta.

O discurso idealista sobre a dor e o discurso idealista sobre a falta se reúnem numa mesma literatura convencionalmente correta que pode assumir todo tipo de estilo, laico ou religioso, e que compromete num apaziguamento prosaico a própria posição do problema do mal: se o espírito é sempre capaz de mudar o negativo do mal segundo o positivo de uma realização humana, o mal designa somente então essa ordem de resistência e de pesos sem os quais não haveria verdadeira vontade no homem. Essa seria a lei da nossa condição laboriosa; o sacrifício do caminho, a pedra no caminho, as inevitáveis quedas não podem ser retiradas; elas se confundem com o movimento do caminhar, e elas encontram as suas razões de ser na clareza do fim e na felicidade do objetivo.

Se a arte e a coragem humanas fossem capazes de extrair cada vez o bem tanto do mal da dor quanto do mal da falta, o discurso idealista seria universalmente válido e a nossa tarefa estaria concluída, uma vez que não haveria mais problema metafísico do mal, considerando que este, por assim dizer, se dissolve no pensamento como o açúcar na água.

As provas que causam problema: do discurso sobre o mal à angústia do mal

O discurso idealista só vale dentro de limites muito determinados além dos quais não poderia haver senão um caminho forçado e fraudulento. Essas dores e essas faltas podem ser ultrapassadas ou mais exatamente intermediadas com muita técnica e grande dose de coragem como quando nos curamos de um ferimento, da mesma forma que reparamos algo malfeito. O homem pode tirar um espinho cravado e deixá-lo para trás, derrisório. Mas há males que permanecem eternamente irreparáveis: o inocente aviltado e martirizado até a morte; ou ainda, multidões humanas condenadas à consciência crepuscular que é o quinhão da servidão resignada, frustradas com a plenitude da existência, sombras larvárias nos subterrâneos da história; ou enfim, os heroísmos e as sabedorias ridicularizadas pelo mundo; portanto, não se pode encontrá-la, a técnica utilitária e moral de mediação que faria desses males os caminhos e os meios de um bem maior e verdadeiro. Através dos males não intermediados aparece a figura de um Mal que é uma espécie de absoluto da infelicidade.

Há vários tipos de infelicidade. Quando Retz, prisioneiro, em Vincennes na época de Mazarin e da razão de Estado, trata a sua própria queda com insolência e escreve que a infelicidade sempre produziu esse efeito nele, de ficar mais acordado durante o dia e propiciar um sono melhor à noite, a bela fórmula aristocrática manifesta uma boa defesa de humor e de honra contra as inconstâncias da fortuna. E poderíamos situar relativamente bem esse tipo de estoicismo no topo do que chamaríamos de discurso idealista. Mas como extrair daí uma filosofia geral da infelicidade? Essa atitude de desprezo e de superação prova que um homem pode ser maior do que uma infelicidade relativa, extrair dessa infelicidade clareza de pensamento e apaziguamento. O absoluto da infelicidade nos propõe outras vigílias e noturnos; e ao contrário da infelicidade moderada muito bem domesticada por Retz, ele obscurece a luz do dia e torna as noites lúcidas e cruéis.

Como todo mal, o absoluto da infelicidade faz pensar. Aí reside a verdade, que permanece, do discurso idealista. Mas o discurso idealista se engana sobre o mal porque se engana em relação ao pensamento, que não é superação de um dado rapidamente assimilado para outro dado imediatamente digerido, e assim em diante, num movimento indefinido que só teria como finalidade o seu próprio exercício. A pseudoideia de superação mascara a verdadeira essência do pensamento que é primeiramente consciência, ou seja, prova, encontro, acolhimento. Pensar significa mais ser apreendido do que apreender, de tal forma que no sentido primeiramente etimológico da palavra, a consciência é paixão. Dessa forma, uma dor ou uma falta pensadas não são de forma alguma uma dor ou uma falta superadas, elas adquirem somente uma dimensão de profundidade, de realidade, ou melhor, de existência. E quando o pensamento, à medida que aprofunda a experiência, torna o mal mais opaco e intransponível, quando está dentro do intolerável não por superação, mas por aspiração impotente na superação, ele não deixa de ser pensamento nessa paixão que sente e pronuncia a falência do discurso idealista.

Além disso, o discurso idealista só abordava um assunto abstrato que lidava com uma dor e uma falta em geral que não eram senão fatos psicológicos artificialmente separados de seus contextos concretos; e do "psicologismo" a um moralismo formal e sem metafísica, a consequência parecia boa. É, ao contrário, por meio de situações existenciais e para um homem total engajado no mundo e na história que o mal representará um problema e um problema metafísico. Chegou a hora de o idealismo do discurso ceder ao realismo da presença: três experiências humanas fundamentais e constantemente renovadas vão constituir muitas provas-limite em que o mal não será mais intermediado, talvez tampouco passível de mediação.

***

"Nem os perfumes da Arábia... nem o Oceano do grande Netuno..." De fato há o eternamente indestrutível no mal. Que a perseguição vença com estrondo a inocência e justas causas, ou que a boa vontade privada ou pública acabe se afundando ou sucumbindo, cedendo à má sorte das circunstâncias e à perversidade dos exemplos, o mal fere o real de tal forma que só um pensamento irrefletido diria que é cicatrizável. Aqui as compensações são indevidas. Pouco importa, e a lei está longe de ser geral, que o tirano vitorioso por um instante caia um dia, que a injustiça seja mais tarde riscada da história, que os provocadores do mal acabem sendo reduzidos à impotência.

Basta que a maldade tenha vencido uma vez para escandalizar, pois as coisas nunca poderão ser recolocadas exatamente no lugar – como na conclusão do *Livro de Jó* consoladora demais para não ser vista como suspeita quando o justo perseguido, depois de ter sido despido de tudo, reencontra gado abundante e família numerosa com uma perfeita exatidão aritmética, cabeça de gado por cabeça de gado, menina por menina, menino por menino. Desfecho falso ou humor negro, pois o que foi perdido, quando se trata de seres humanos, e não de rebanhos, não se encontra mais e permanece irrecuperável neste mundo. Reparações e reabilitações reduzem a justiça à cerimônia e ao símbolo. Por ter sido inscrito no ser, o mal condena toda lembrança histórica ao remorso; torna-se o problema que desencoraja antecipadamente qualquer solução.

Sem dúvida uma solução que poderia parecer, à primeira vista, exemplar. Platão, ao meditar sobre a morte injusta de Sócrates, discípulo fiel entre os fiéis, prometendo dar razão a seu mestre, pode mobilizar os recursos que nele são a arte, a razão, a mística, para inventar ou descobrir um mundo total mais verdadeiro que o universo visível e no qual, enfim, Sócrates será o juiz de seus juízes. Não se pode negar que o processo consumou a injustiça, que a cicuta foi tomada e que a memória de Atenas está maculada pela mancha indelével. A filosofia de Platão seria verdadeira de um extremo ao outro e ela nos revelaria o lado direito do mundo do qual só conhecemos o avesso. Evidentemente, o direito e o avesso são solidários e formam um único tecido indestrutível como a continuidade do ser. Vejamos uma hipótese impossível: Platão teria convertido os homens e as culturas que surgiram depois dele, Sócrates teria sido na história o último justo perseguido, não havendo depois nem carrascos nem vítimas, nem tiranos nem escravos, o que foi perpetrado uma vez não é abolido. Ninguém melhor do que Platão nos ensinou que pensar é se recordar de todas as coisas numa luz de eternidade. Pensar no mal que existiu em minha história ou na história significa descobrir que se tornou uma verdade eterna insuportável. Essa é a razão pela qual o pensamento do mal não pode ser senão angústia e angústia metafísica, ou se preferirmos, remorso. Pois ter remorso é simplesmente considerar o mal como numa realidade.

Portanto, o remorso não é um evento psíquico trivial, e é em vão que o discurso idealista tenta convencê-lo de ilusão e absurdo. O remorso é uma forma *a priori* ao mesmo tempo da memória e da consciência moral ("como a lembrança é vizinha do remorso", diz Hugo de forma admirável imitando antecipadamente Baudelaire); o remorso é mais esclarecedor do que claro, que é o caso de toda a estrutura do espírito; o remorso é a consciência do crime ou mais exatamente a consciência do irreparável no crime; o remorso tem, como se diz hoje, uma intencionalidade, mas, separável do que visa, ele leva para além do mal para-nós ao mal em-si; o remorso está sempre infinitamente próximo de um desespero e perde a esperança de não poder tirar a inscrição do mal na natureza e na história. A sua extraordinária lucidez metafísica é uma característica típica do remorso: a objetividade monstruosa do mal que lhe é claramente revelada é o oposto de uma alucinação; essa lepra que aconteceu com o real não é projeção de uma psicologia mórbida. Ela existiu, portanto, existe. O remorso é a percepção aguda de um absoluto no mal; a consciência não pode conhecer o crime cometido por outros sem participar da iluminação do remorso. Portanto, bastaria um crime para interromper a inocência de todas as consciências presentes e futuras. O mal torna o mundo culpado, assim sendo, somos todos culpados de estar no mundo.

Hegel, inflamado contra o profetismo bíblico, denunciava nas lamentações sobre "a prosperidade dos maus" o farisaísmo da "bela alma". Significava filosofar contra a consciência moral. Os velhos profetas de Israel sabiam, por talento ou inspiração, onde estava o escândalo do mal, na sua própria realidade independentemente das causas ou das condições, dos efeitos ou das consequências. A angústia é, portanto, conhecer o mal, e quem sabe que todo crime foi bem-sucedido por ter sido realizado, que todo crime no fundo permanece impune porque metafisicamente não importa que o crime leve o criminoso à forca ou ao trono, pois o que com toda justiça devia acontecer com o crime e com o absurdo era não existir. E essa justiça faltou uma vez, portanto, faltará sempre. A felicidade dos maus, a expressão é um pleonasmo, só há maus felizes, pois conseguiram introduzir a maldade no mundo. Essa é, na angústia e através dela, a primeira experiência de um mal que qualificávamos como não passível de mediação.

***

O mal não é somente esse absoluto que escandaliza porque participa do ser, porque compartilha a agressividade, a insolência, a indubitabilidade de todo real. O mal está presente também dentro do bem, que não para de se fragmentar em bens diferentes, rivais, inimigos – a tal ponto que essa contradição que divide o bem contra o bem também é uma figura insustentável do mal. Essa é a segunda experiência do mal não passível de mediação.

Experiência corrente e brutal visto que é a do conflito, pois não existe diversidade entre os homens que não seja geradora de conflito, pois não existe conflito que não oponha ao mesmo tempo os homens e os valores. Os velhos poetas gregos tinham filosoficamente razão de misturar o Olimpo com aventuras históricas e políticas dos povos, pois a guerra dos homens é ao mesmo tempo guerra dos deuses, ou seja, divisão dos valores, despedaçamento do espírito e antecipando a sequência da análise, morte de Deus. Homero, ao mobilizar a metade dos seus deuses do lado do inimigo troiano mergulha mais profundamente na inteligência do conflito do que os senhores modernos da guerra ou da revolução também totais, que proclamam numa linguagem falsamente positiva "Deus está conosco" ou "a história está conosco". A mitologia pode eventualmente ser menos mentirosa do que a ideologia: esta estuda o problema do mal através da diversão fanática ou da mistificação política; aquela através do claro-escuro do símbolo encontra-o na sua realidade dramática.

A guerra é o momento ideal para dar substância e vigor ao problema do mal, não somente porque depois que começa, ela dá ao mais injusto uma chance de vencer, o que nos remete à nossa primeira figura do mal, porém, mais ainda porque a guerra introduz uma ruptura dentro do Bem. Todo combatente, independentemente do seu campo, luta ao mesmo tempo a favor e contra a justiça, nenhuma sabedoria política tem o poder de desfazer a antinomia. Sem dúvida, é preciso retirar os discursos acadêmicos e heroicos, fabricados para adormecer a angústia: os belicosos e revolucionários dizem que a morte na guerra é absurda quando se trata da morte do inimigo, ou cheia de sentido e glória quando se trata da morte do amigo. De fato, a palavra ideológica e fanática cobre uma realidade cruelmente dialética: na guerra, nunca se morre por nada, pois não há causa que não tenha direito à existência e à glória; uma barbárie, quando luta e visto que luta, não existe sem cultura, para retomar um tema hegeliano, provando com isso que tem direito a um futuro histórico; o agressor mais cínico, o defensor mais cego diante de privilégios impossíveis, quando lutam e visto que lutam, não são desprovidos de virtude nem de honra. Entretanto, na guerra, morre-se sempre por nada, dado que nenhuma causa humana pode, sem mentir, confundir os seus valores sempre relativos, ambíguos, precários com o absoluto do Bem – e só o Absoluto poderia justificar ou, mais exatamente, absolver um sacrifício absoluto.

Incerteza trágica, que a guerra leva ao extremo, mas que já é a verdade enigmática e penosa de todo conflito. A guerra aparece além da guerra, ela é guerra de valores em todos os lugares em que o homem enfrenta e contradiz o homem, e a batalha carnal sempre é também antinomia para o espírito. É por essa razão que é tão fácil fazer a guerra quanto é difícil compreendê-la. Pois não existe ação que não participe da falta, e justamente aquela que na generosidade e na coragem designa e combate o mal. Resignar-se significaria ser cúmplice, ou seja, falhar, mas erguer-se, condenar, lutar, significa fazer um barulho estrondoso, buscar, para vencer, as colaborações da cobiça e do orgulho, e novamente falhar. A lei é valida também para as mais altas esferas do que denominamos heroísmo moral: o pioneiro do progresso que tira da sua inocência natural e do seu imobilismo cultural um povo por muito tempo adormecido e doravante voltado para as febres do espírito e as agitações da liberdade; ou o profeta de uma nova lei e mais divina, rejeitado por uma cidade indócil, e "não teriam pecado" aqueles para quem foi enviado, se não tivesse falado com eles, pois estão relegados ao pior por terem recusado o melhor; tantos exemplos que mostram que o bem, sendo conquistador, missionário, das morais dos moralistas na história dos homens, dá ao mal mais chances: dessa forma, Sócrates ou Joana D'Arc se tornam a ocasião de um crime para a democracia ateniense ou para a cristandade medieval.

Esses casos só fogem à regra pela qualidade rara ou única dos protagonistas, simplesmente tornam mais visível a dialética de toda ação humana, que por ser determinada, limitada, é negadora de algum valor e não pode não sofrer a paixão da falta, mesmo quando se trata somente, num limite ideal, de omissão. Mesmo a ação justa é injusta por algum viés e haveria farisaísmo no seu não reconhecimento e no desejo de praticar em todo o seu rigor a máxima platoniciana, segundo a qual a injustiça é o absoluto do mal, soberanamente detestável, o homem ficaria ao mesmo tempo totalmente paralisado, pois é impossível envolver-se, fazer, criar, sem cometer essa injustiça de negligenciar, humilhar, comprometer, ou rechaçar algum valor positivo, como o pé no caminho esmaga a cada passo vidas inocentes que não mereciam desaparecer.

Através dessa nova progressão, verifica-se a presença do remorso na consciência moral como categoria fundamental. A descoberta da divisão dos valores, não de forma teórica, mas consumada praticamente pela ação, é conhecida na lucidez do remorso. O dever que a paciência pede, o testemunho, a revolta, exclui como farisaica a boa consciência e recusa-se a erigir alguma mistificação idealista piedosa. A consciência e o remorso constroem, juntos, esta noite clara de angústia que desnuda a verdade do mal, cuja vocação é não ter medo, pois ela deveria, se fosse pura, conseguir suportar o insuportável, há pouco essa inscrição indelével do mal no ser, e agora esse surgimento do mal no próprio bem, essa divisão do bem em valores contraditórios, ou se preferirmos essa paixão que sofre o bem quando ele é dolorosa e laboriosamente levado a sério pelos homens.

***

A terceira e última experiência de uma situação-limite que seria uma infelicidade absoluta é a da morte, e da morte humana que é completamente diferente de um mero fenômeno biológico. A angústia diante da morte é do espírito e não poderia ser confundida com o medo egoísta ou, pelo menos, egocêntrico de perder ser e bem-estar. O pensamento da morte se torna angústia porque ele vê se furtar ao mesmo tempo o como e o porquê, o que causa uma dupla falta de inteligibilidade; que uma mola quebrada, que um acidente que ocorreu numa mecânica, sejam capazes de aniquilar o espírito, isso o espírito não pode compreender. A homogeneidade se rompe entre as causas e os efeitos; se o como não se deixa apreender, a busca do porquê só leva a significações cínicas nas quais o espírito encontra, talvez, a engenharia do mundo ou da vida biológica, mas não reconhece a si mesmo. Pela morte, o absurdo e a imoralidade tornam-se estruturas do universo.

Quando o instinto de conservação é contestado pela representação da morte, o terror meio-biológico, meio-psíquico, que o domina faz o homem se conscientizar de uma condição que o coloca fora da natureza no próprio momento que se submete às leis. Como sabe que deve morrer, o homem não poderia se considerar como um ser plenamente natural: como poderia se afirmar como natural, esse ser existente mortal, sempre morrendo e sempre negando a sua morte, estando a esse ponto em contradição com a natureza das coisas? De tal forma que uma angústia autêntica sempre se mistura às formas aparentemente mais sórdidas e covardes do medo diante da morte. Mas a angústia ao purificar-se, ao romper com o instinto, ao tornar-se transparente para si mesma, torna-se cada vez mais prova metafísica.

As teorias de dualismo humano, as doutrinas, que opõem e ligam no homem uma alma e um corpo, são aqui indiferentes e especialmente porque foram com frequência construídas, ou melhor, maquinadas, para servir de diversão para a angústia da morte e do mal. O que é esmagado ou se apaga, quando um homem morre, pode receber nomes variados e ser traduzido em diversos conceitos figurativos: forma de uma matéria doravante entregue ao seu processo de degradação, como diziam alguns antigos; alma que separa o seu destino sagrado de um corpo entregue à insignificância profana do mundo, como alegam as religiões; ou, enfim, segundo a linguagem de alguns modernos, uma força criadora de cultura, que anima por dentro e dá um significado a uma natureza por si só inexpressiva e remetendo no fim ao seu absurdo fundamental. Todas essas metafísicas só têm um interesse secundário e só são filosóficas indiretamente, visto que nos obrigariam a confessar, cada uma na sua língua, que através da morte do homem o absurdo sai de uma ordem racional. A morte, uma flor monstruosa desabrochada no topo de uma vegetação razoável, pois esse ritmo de crescimento e declínio, de associação e dissociação, enfim, de amor e morte, faz da natureza viva uma ordem objetiva de sabedoria que envolve o homem e explica suficientemente uma morte útil para a espécie e os destinos ulteriores da vida. Realizando uma verdade biológica mais vasta, a morte do homem é totalmente razoável; mas eis que, de repente, ela se torna injustificável; porque uma consciência, ou seja, a coisa mais preciosa do ser universal, a luz ou a chama, graças à qual todo valor é reconhecido ou criado no nosso mundo, vê-se destinada à destruição e irreparavelmente, se não há outras necessidades que não sejam biológicas e cosmológicas. A sabedoria de um mundo em ordem não deixa de se manifestar, ela se confirma até o fim da vida pela morte desse ser vivo que é o homem, mas essa sabedoria se torna de súbito loucura, e é essa passagem da razão para o irracional que é o próprio objeto da angústia.

De fato, tudo acontece como se o nosso universo, "máquina de fazer deuses", organismo gerador de consciência, se desmentisse, ridicularizasse num acesso de ironia sinistra o que produziu de melhor: o espírito. A genialidade desse mundo parece professar um diletantismo absurdo ou mais terrivelmente praticar a vingança e é como um artista que, inspirado a despeito de si mesmo, destruiria a sua própria obra, cuja grandeza imprevista humilharia a baixeza dos seus pensamentos cotidianos, e que, além disso, recomeçaria indefinidamente esse jogo cruel da renúncia e do ódio de si.

Ao desvendar o mal da morte, a angústia convence a natureza de imoralidade – e de uma tripla imoralidade que poderia se chamar mentira, ingratidão, crueldade. A natureza mente ao ser vivo dando-lhe a cada instante esse tipo de segurança eterna que são a imobilidade e o infinito do instante, arrasado por dentro pela necessidade da morte, ou melhor, ela só mente para o homem, o único ser vivo capaz de ser enganado pela falsa plenitude do presente. A natureza pratica a ingratidão, dado que as virtudes e os vícios, a idiotice e a genialidade submetem-se da mesma maneira à fatalidade igualitária e niveladora da morte, visto que, sobretudo, a "máquina de fazer deuses" serve também para desfazê-los, não parando de destruir o espírito, dormindo e humilhando incansavelmente essa chama que lhe dá honra e valor. Enfim, como a morte é uma das molas principais de sua mecânica de depuração e ventilação, a natureza exerce uma crueldade contra si mesma e contra o gênero humano. Por meio da morte, o mundo afirma que mesmo o que vale mais não merece existir; se quiséssemos a qualquer custo atenuar a injustiça fazendo da morte a punição da nossa conivência com o mal, a injustiça não seria minimizada, visto que o maior criminoso nunca coincide completamente com o seu crime, nunca pode abolir completamente o que havia nele de originalmente puro, dado que diante das possibilidades secretas que existem em cada um, o idoso que mais trabalhou e viveu guardou em si infâncias intactas e não utilizadas, de tal modo que só morrem inocentes e crianças. Assim se mostra para quem ousa encarar a suprema injustiça do nosso universo.

A famosa frase: mata um homem e serás um abominável assassino condenado à forca, mata multidões na celebração dessas festas rituais que chamamos de guerra, serás um herói da história e estátuas serão erguidas em tua honra, mata todos, és Deus, e altares serão erguidos para louvar-te. Essa flecha de humor negro atingirá o seu verdadeiro alvo se Deus for aqui o nome da natureza, do "ser mundano" ao qual pertence visivelmente a aventura humana. A imoralidade sob todas as suas formas – mentira, ingratidão, crueldade – tem o poder de invocar o exemplo anterior da natureza, mesmo quando chega ao homicídio. Há sempre um pecado antes do pecado original, e o anjo se transformou em diabo antes que Adão se tornasse um homem pecador. Essa é a grande tentação, a grande contradição que o espírito encontra na natureza. Fazendo do homicídio o crime por excelência, o homem inventa a moral recusando-se a imitar a natureza, a ser o executor de suas condenações. Enfim, ter uma consciência moral significa correr o risco metafísico ou religioso de não ter como modelo para a sua conduta os costumes deste universo, a cada momento homicida.

A consciência de pertencer a uma comunidade que pratica a injustiça e a violência – igreja intolerante, nação imperialista, classe ou burocracia que vive da exploração – não pode ser sem remorso, se o espírito afasta as mistificações costumeiras. Pois bem, fazemos parte de um universo cujas grandes leis, como dizíamos, são acompanhadas de mentiras, ingratidão e crueldade;

deste mundo extraímos recursos materiais, energia vital, somos seus cúmplices, e a consciência de uma cumplicidade se chama remorso, outro nome da angústia. Uma vez mais, o remorso deixa de ser um simples fenômeno psicológico, ele é categoria moral e cosmológica, consciência de universo.

A angústia diante da morte, quando é levada ao extremo da sua lógica, coloca em questão a condição do homem no mundo. Alguns filósofos fizeram da morte do ser amado uma experiência metafísica fundamental, situando nesse momento a revelação da angústia. Mas como o amor não é senão abertura e atenção em relação à existência do outro, a morte do ser amado tem como único significado vencer definitivamente esse esquecimento da morte que permite que o homem viva numa falsa segurança ao abrigo da angústia. Refletir sobre a morte é negar o universo e ser negado pelo universo. A angústia da morte e a angústia do mal são uma coisa só. Enfrentando a morte, o homem descobre que o universo o trata como um indivíduo biológico, como vida ao estado de insignificância parcelar, ainda que, sabendo por conhecimento íntimo, o homem seja uma pessoa singular e insubstituível. Quando falou do "silêncio avaro e da noite densa" da morte, o poeta pode ter querido dizer que a morte desnuda a avareza e a opacidade do mundo, cuja última palavra seria, então, o cinismo e o absurdo, ou seja, a ausência de Deus. A morte só é angústia porque é provocação ao ateísmo. E o medo é digno do homem quando teme que Deus não exista.

Da vaidade de algumas distinções conceituais

As análises anteriores retiram evidentemente as distinções, cuja vaidade imaginávamos desde o início, entre mal físico ou dor, mal moral ou falta, mal metafísico ou finitude do existente. As figuras do absoluto do mal que descrevemos e diferenciamos mostram inextricavelmente misturados o mal físico, o mal moral, o mal metafísico e, particularmente, a morte que os resume.

Essa angústia que é remorso e esse remorso que é angústia não podem ser contidos em experiências limitadas e delimitadas. Surgindo aqui ou acolá, rapidamente estarão em todas as partes; portanto, outra distinção suspeita de artifício, a diferença feita acima entre o mal intermediado, dor ou falta, e o mal não intermediado, infelicidade ou crime, não pode ser mantida até o fim, ela só é verdadeira abstratamente e de acordo com uma primeira aproximação.

A experiência da dor relativa e da falta venial, para as quais a busca do sentido chega ao seu fim, engana-nos cruelmente fazendo-nos crer que uma boa utilização do mal é universalmente generalizável, e o verdadeiro nome de uma esperança falaciosa é desespero. Aos poucos, a dor absoluta contamina a dor relativa, e a falta inexpiável, o pecado reparável, pois entre uma região e outra estendem-se regiões equívocas em que a esperança do sentido se mistura ao horror do absurdo. Como saber se a superação da dor na resignação é serenidade pacificada ou estupor sem espírito? Como decidir se esse arrependimento é renovação espiritual ou comédia farisaica? Mesmo quando a dor e a falta são claramente intermediáveis, o sofrimento ainda conserva algo de opaco, sempre mostra fantasias sombrias, de tal modo que a sua irracionalidade só se submete à razão através de um tipo de restrição e violência, facilmente perceptível na rigidez estoica, e mesmo sendo a falta compensada, esclarecida em função de tantas obras boas e de boas resoluções, conserva partes não visitadas pela luz, destruindo ao passar o bem e o verdadeiro, e se fosse somente esquecimento e omissão, nela começa o escândalo do mal; o diabo e seu séquito perseguem nossos vícios perdoáveis, frivolidades e preguiça. As nossas vitórias que se sobrepõem ao mal são, de certa maneira, mutiladas e pouco alegres, e as morais que nos pregam domínio e vigilância nunca estão livres de amargura, de rigidez e até de artifício. O mal se faz sentir dentro da lei que, como diria um adepto de Pascal, exige "como tirano, não como rei". Assim, a mesma angústia universal engloba todas as dores, as absolutas e as relativas, todas as faltas, as veniais e as mortais.

É possível pressentir o mal da morte dentro da dor e da falta. Evidentemente, sofrer significa ainda viver. Entre a vida e a morte há o absoluto incontestável, mas pouco imaginável de uma descontinuidade radical; contudo, o sofrimento encontra na morte o seu fim, nos dois sentidos da palavra, fim e razão derradeira. A vida sofredora manifesta uma vitalidade ferida por dentro. O golpe pode não ser mortal, mas estou ferido porque sou mortal; através da dor uma falta ou uma malevolência externa penetram no coração do meu ser, tornando-se nele negação insuportável; o paradoxo da dor é que através dela o nada e o externo se transformam no seu contrário, realidade e intimidade, metamorfoses monstruosas e que supõem a cumplicidade da morte – essa morte que encerra toda vida como um destino cada vez menos escondido. Pelo sofrimento, o espírito se exalta e se desfaz sob a interpelação da morte. O cogito do sofrimento – "sofro, portanto, sou, penso na minha existência à beira do nada" – é o cogito mais humano, o mais dialético também, pois ele entrelaça o sim e o não, pois ele une a lógica e o drama, pois é ao mesmo tempo pensamento e paixão.

Da mesma forma, a falta é conivente com a morte. Venial, ela tenta ridicularizar a morte, buscando o prazer do instante que brinca de eternidade, "meio de desafiar a morte" como diz Bergson, mas por artifício e indiretamente. A falta não é senão diversão. Mas tendo o seu princípio no ódio, a falta poder ser chamada de mortal, pois ela não brinca com a morte, ela brinca com o próprio jogo da morte. Odiar não é detestar uma forma de pensamento ou de conduta, é visar um ser por suas maneiras de ser, fazer da atitude ou do ato odioso a verdade derradeira, a essência completamente determinada do inimigo, segundo a prática das justiças sociais que, ao associar o criminoso ao seu crime, entregam-no em seguida ao carrasco com toda segurança moral. O ódio nega, a princípio, a liberdade do ser execrado, converte-o em destino, transformando o sujeito em objeto, como faz a morte. Em seguida, de uma maneira menos simbólica e mais realista, o ódio nega, ao ser odiado, o seu direito à existência, e aos poucos culpa o mundo inteiro e o princípio do mundo que permitem essa existência intolerável. Mas ao mesmo tempo o ódio admite o mundo como sendo esse campo fechado, essa natureza ateia em que prevalece a morte. Todo ódio é, em última instância, ódio de Deus, busca a morte de Deus. O niilismo é a metafísica do ódio.

Expostos a cada instante ao mal, ou seja, à dor e à falta, somos investidos pela morte. Dessa maneira, o nosso corpo, enquanto carne e não enquanto coisa ou objeto do mundo, é ao mesmo tempo realidade e símbolo. Através do corpo carnal, sofremos e fazemos sofrer, tantos sinais proféticos da morte; as lágrimas e o sangue do sofrimento, o ruído e o furor do pecado se unem para descer juntos em direção da mesma ironia calma. Há uma filosofia velada no coração do sofrimento como no segredo da falta: uma conhece a morte, a outra quer a morte, como o declive de um rio conhece e quer, lá naquele lugar e inelutável, o mar.

O pensamento e a paixão

O espírito que tenta refletir sobre o mal se submete, portanto, a uma prova de disjunção e divisão, condenado a uma via dialética, feita de julgamentos contrários, falsos separadamente, mas verdadeiros na sua tensão. O pensamento que reflete sobre o mal se tornou paixão. A angústia que acabamos de descrever é paixão e paixão do espírito.

Ao falar de paixão, usa-se uma das palavras ao mesmo tempo mais claras e obscuras da língua, tanto comum quanto literária e filosófica, e o nosso propósito é abordar a ideia em toda a sua amplidão e todo o seu rigor. A paixão, aquém e além de todo julgamento ético, é uma prova de que se vive necessariamente num destino que se confunde com a condição humana. A paixão introduz dentro do homem uma mescla equívoca de exaltação e aflição, de cegueira e luz enigmática, no sentido que os alemães frequentemente deram ao *páthos* dos gregos. Parece-nos que o pensamento que medita sobre o problema do mal deve se tornar paixão para escapar da retórica e da tagarelice; o método pode ser generalizado e vale para todas as situações-limite que fazem a condição humana. Tentar refletir sobre o homem concreto significa também ficar atento a verdades discordantes, mas irrecusáveis, cujas contrariedades devem ser suportadas e aprofundadas não percebendo sempre a ligação sintética que a partir de sua própria dissonância criaria uma harmonia mais verdadeira; dessa maneira, usando um exemplo próximo do nosso assunto, a dor do meu corpo me mostra quanto existo numa objetividade vulnerável oferecida à hostilidade do mundo e, do outro lado, quanto esse corpo é minha substância, quanto participa da minha intimidade secreta. Eu não me imaginava ao mesmo tempo tão projetado para fora e tão projetado para dentro; o pensamento da dor me revela uma tensão insuperável da minha interioridade e da minha exterioridade, contudo, inseparáveis. A maneira pela qual me encontro dividido entre a natureza e o espírito torna-se obscura, chegando ao enigma, a minha unidade. Isso significa que sinto a paixão da existência em uma alma e em um corpo. E a reflexão sobre o problema da alma e do corpo será pensamento de uma paixão e, melhor ainda, paixão de uma paixão.

A fórmula é válida para o problema do mal. O mal, dor ou falta, é paixão, e a reflexão sobre o mal deverá ser paixão de uma paixão. Isso significa definir novamente a angústia. O pensamento que enfrenta o problema do mal é cativo da sua própria interrogação, ele se perde na sua paixão sem perder a sua paixão para retomar e transpor uma palavra de Kierkegaard; ela busca incansavelmente explicação e sentido, compensação e absolvição e limita-se a uma espécie de muro construído de silêncio e de absurdo. A angústia, paixão da paixão, tem como tarefa exaurir o céu e a terra, como se a terra e o céu, que contêm a infinidade de Deus ou a imensidão do nada, não fossem, exatamente, incansáveis. Mas a paixão é uma loucura à qual o espírito não pode deixar de ceder, mas a paixão pode ter razão contra a razão.

Assim na angústia e através dela se coloca o problema do mal. Pois a angústia não faz o problema desaparecer para nos fazer participar de um mistério. Ao contrário, ela vive do problema permanentemente plantado e erguido. A distinção do problema e do mistério, que Gabriel Marcel enunciou e usou justamente para a questão do mal, é uma comodidade que só é válida se atribuirmos à ideia de problema um sentido menor e bem pouco filosófico. Pois ele seria um metafísico sem metafísica, o suposto pensador que se perguntaria de fora sobre os enganos de um mundo do qual, por um privilégio exorbitante, ele próprio teria se retirado e que continuaria a sua reflexão como um engenheiro que discute sobre uma máquina cujo funcionamento deixasse a desejar. Esse universo e essa máquina podem ser consertados? Deve-se colocar em questão o desgaste e a má qualidade da matéria, a falta de jeito dos usuários, a falta de atenção do construtor? Ao denunciar nessa maneira de colocá-lo uma falta de inteligência do problema, Gabriel Marcel colocou o irrefutável. Mas por que retirar ao mesmo tempo a própria ideia do problema? É verdade que o homem pensante não pode considerar o mal de fora, participando do sofrimento e da falta sem poder tirá-los do seu coração para considerá-los serenamente como olhamos para o espinho, inofensivo, que arrancamos da mão. Mas aqui temos um problema, porque a angústia que assume o mal é inteiramente pensamento assim como é totalmente paixão, pois sabe onde se encontra o mal do mal, porque não deixa de opor à experiência do absurdo a exigência, ideal, de um sentido liberador, contestando ao mesmo tempo os sentidos falsos e absurdos que usurpam na experiência o lugar do sentido. O problema talvez seja insolúvel e essa possibilidade cria a angústia da angústia, mas não pode ser recusado enquanto problema.

A solução encontrada e possuída seria o fim da angústia. Uma sabedoria tradicional sempre professou que ter uma ideia clara e diferente da paixão significava livrar-se da paixão. Espinosa só formulou esse tema muito antigo. A angústia do mal é a paixão. A razão metafísica, como pensamento total, pode substituir o discurso idealista, reduzir a angústia a um pensamento parcial e confuso e dissolver o seu afastamento na visão de uma ordem universal? Mas o debate não é somente entre a razão e a paixão e, antes de chegar nessa encruzilhada central, primeiramente, será preciso desfazer outro nó. A angústia pode se dissimular diante de si mesma e encontrar um apaziguamento ilusório nas mitologias que se propõem como religiões. A aparência bela e mistificadora do mito corre o risco de interromper e fazer adormecer a meditação metafísica. Doravante, a questão é saber se a angústia do mal é capaz de resistir às mitologias que a enganam e a extenuariam sob pretexto de erigi-la e sublimá-la como uma arte, inimiga da paixão que pretende purificar, resistir também à razão que se lança com ela na luta mortal da sabedoria contra a paixão.

Se o belo artifício do mito pudesse ser desmascarado, se a razão dos racionalismos só trouxesse ao problema uma solução de estética e um apaziguamento aparente e simbólico, enfim, se a angústia do mal fosse irredutível a todas as tentativas de diversão, redução, metamorfose, ainda faltaria cavar, aprofundar, exasperar a angústia, confiar no pensamento que traz e na luz que ela não é incapaz de projetar no homem, no mundo e em Deus. Esse seria o caminho da última chance.

2

AS FALSAS CONFIDÊNCIAS DO MITO

Do mito em geral

Que a angústia do mal esteja na origem da função fabuladora, como Bergson denominou a força do espírito criador de mitos, é uma hipótese que não é incoerente. Ela parece explicar, de fato, esperamos mostrar, o estilo e o conteúdo das mitologias.

O mito é um relato que mistura na mesma representação imaginativa uma história de deuses, semideuses, heróis e data de uma espécie de tempo primitivo, arcaico, um tempo originário antes do tempo. O mito está presente em todas as culturas, revelando, dessa maneira, um estado imaginativo, noturno, mas talvez falsamente inocente do pensamento. Mito exemplar, esse relato do antigo Egito que conta como o mundo nasceu, da lágrima de um deus.

A filosofia contemporânea reabilita naturalmente o mito. Reação feliz contra um positivismo medíocre que via na proliferação dos mitos uma doença da juventude da humanidade, sendo a fábula evidentemente desprovida de consistência, ela é tão desprezível e vã quanto o sonho de uma criança. Hoje, sabe-se que o mito não pode ser excluído do pensamento; obra do homem, o mito deve nos esclarecer sobre o homem e como a filosofia é cada vez mais uma antropologia, um discurso sobre o homem, como vemos nas nossas fenomenologias e nos nossos existencialismos, não pode prescindir de uma doutrina do mito.

Se o mito é incontestavelmente pensamento, esse pensamento é pensamento confuso e trata-se de uma confusão, sem dúvida, irredutível à clareza: o supersticioso e o mágico mesclam-se ao religioso, o estético ao filosófico. Além do desenrolar do relato, a série das aparências ligadas por uma espécie de etiqueta como um cortejo real, adivinha-se um tumulto de paixões a respeito das quais não se sabe se pertencem à carne ou ao espírito. E todos esses aspectos inseparáveis uns dos outros, inextricáveis efetiva e legalmente, fazem fracassar o nosso entendimento que, por buscar a clareza na distinção, só compreende por separação e oposição. Se o entendimento é toda a faculdade de compreender, o incompreensível está presente em todo mito. Como primeiro exemplo, desafio para a nossa inteligência analítica, essa mistura de horror e de serenidade que o mito faz brilhar como uma luz ofuscante e que cria a sua principal ambiguidade.

Portanto, mais do que uma doutrina do mito, encontramos, em geral, muitas teorias da mitologia que se contradizem, cada uma com a sua coerência e até mesmo a sua necessidade, mas que, separadamente, nem todas reunidas, não seriam capazes de fazer coincidir com a verdade do mito.

Pode-se, de fato, ver no mito somente uma imagem superficial, afirmar que é pura aparência sem profundidade, ou que há no mito um simbolismo oculto, que o sentido do mito não está no relato, mas em algo misterioso que está além do relato. Pode-se dizer que o mito é gratuito, que se parece ao capricho desinteressado de um pensamento que sem nenhuma razão começaria a dançar em vez de andar, mas também que o mito responde a uma necessidade vital, como a fábula segundo Bergson, princípio imaginário de uma esperança sem a qual a humanidade teria sucumbido à insuportável lucidez da inteligência que prevê o fracasso e a morte. Às vezes, o mito não quer dizer nada e não serve para nada, outras vezes, ele esconde um segredo entre muitos segredos e ele é esse alimento de imagens que saciam e sem o qual o homem morreria, alimento tão indispensável quanto o pão.

Uma questão sociologicamente clássica: a mitologia se reduz a um esforço menor, a fim de explicar de forma imaginária algum rito cujo significado inicial teria se perdido pela memória curta demais dos homens? Ou ainda mitos e ritos estariam ligados indivisivelmente numa mesma liturgia, sendo o relato, portanto, não somente falado, mas representado e vivido nessa espécie de linguagem total que é a festa sagrada? Se é a cerimônia que explica o mito, ou o mito, a cerimônia, não importa, sempre há relação de um com o outro. Portanto, um mito é passível de interpretações sociológicas válidas. As mitologias são distintas como as culturas e expressam a variedade dos saberes populares. Talvez mesmo os deuses cujas histórias contam, o divino cuja força desmedida evocam, não sejam senão uma transposição da autoridade da própria sociedade, força única, constante até a obstinação e a necessidade, invencível a qualquer revolta. O universo das figuras míticas – indefinido, plástico, contingente – não passaria de um brilho colorido sobre a mesma e monótona profundeza. Contudo, as semelhanças que aparecem entre as mitologias as mostram também mais independentes dos tempos, dos lugares e das cidades; elas revelam certas formas de pensamento onde há brincadeira, esperança, ironia, como se os mitos fossem também para o homem um meio de se distrair da pressão do social e como se algum protesto que renasce eternamente, mas mascarado, se liberasse na constância dos nossos sonhos coletivos.

Um discurso sobre o mito, seja ele qual for, tem chance de ser verdadeiro. E é assim que o mito guarda bem o seu segredo, não como se esconde um tesouro na terra, mas expondo-o abertamente à semelhança de Proteu com cem verdades contraditórias em uma dialética irredutível ao pensamento analítico, de tal forma que explicar o mito pela banalidade sentida por essa teoria seria, ao mesmo tempo, explicá-lo e traí-lo. Esse é, na história da imaginação, o mito do Eterno feminino, às vezes explicável segundo os eróticos, às vezes segundo os místicos, de Goethe a Claudel, e cujo mistério em plena luz não pode ser violado pela brutalidade de umas nem pela sutileza de outras. O mito se oferece para quem quer pegá-lo, fácil, como se fala de uma mulher, mas é também fundamentalmente inacessível. As nossas filosofias encontram aí tudo sem dificuldade: mito, um Valéry tira uma lição de ceticismo universal: "Mito", ele escreve, "é o nome de tudo o que só existe e subsiste tendo a palavra como causa". O mito é erro ou ilusão, mas bem dissimulados, e é preciso então confessar que tudo é mito, ou seja, vaidade. Alain conhece pelo nome todas as paixões e os pensamentos que se tornaram mitos para dissimular ou seduzir. Para Valéry, assim como para Alain, o mito se deixou capturar e reduzir à escravidão. Os nossos dois grandes espíritos confessam abertamente e a pesca sem milagre dos monstros e dos deuses fica totalmente exposta na praia. Só falta a imensidão do mar e do céu.

O teólogo será, como o livre-pensador, vítima da sua habilidade de envolver-se ou da sua tendência de ver-se como referência, pois causarão surpresa no mito as formas balbuciantes e ingênuas de um mistério religioso que acaba de aflorar – dessa maneira, Simone Weil afirmou ler uma antecipação cristã nos mais belos monumentos da mitologia helênica. Mais uma vez aqui o mito não interfere e não resiste a quem o extorque à vontade. As palavras de Plutarco – "aquele que conhece os mitos sabe tudo" – são verdadeiras e de uma verdade primeiramente irônica. Tudo está nos mitos, os fragmentos desconhecidos ou reconhecíveis de uma revelação primitiva, como o pressentimento de um pensamento racionalista por vir, toda a piedade e a impiedade de que o homem é capaz. Enigma sempre exagerado e que protege bem o seu mistério.

Uma doutrina do mito não deveria, portanto, alimentar nenhuma ambição teórica ou interpretativa, não procurar capturá-lo ou reduzi-lo, como um caçador se apropria de uma presa. Ela se contentaria em observá-lo inocentemente, fitá-lo e descrevê-lo tal como é na sua confusão e na sua ambiguidade. Então se mostraria o enlace de dois absolutos de signo contrário que o mito reúne por imposição: o absoluto de uma forma, ou seja, de uma aparência que se basta, de um relato que só requer ser contado, de uma figura cuja verdade, desenho e cor são visíveis; o absoluto também da força de que provém, a fatalidade de uma preocupação que se refere ao essencial da condição humana e que se mascara paradoxal e eficazmente, manifestando-se numa nudez enganadora. Assim é o mito, ao mesmo tempo forma e força, pura ingenuidade e astúcia sutil, Eva simples e cândida no primeiro jardim, mas também serpente que se insinua até o paraíso graças a muitas voltas e muitos rodeios, protagonistas que por seu encontro fazem o único mito de uma história que se torna depois sem mitos, mito perfeito que revela a ausência do mito, de tal forma que possuir a inteligência desse primeiro relato poderia ser um ato liberador de toda mitologia.

Parece que o mito nos desviou do nosso propósito. Na verdade, nenhum fio se rompeu, pois há no mito tanto a angústia do mal quanto o seu contrário, todo o nosso problema inteiramente reunido.

Do mito como sonho de libertação

Freud poderia ser um bom mitólogo: a psicanálise afirma, como sabemos, que todo sonho expressa um apetite sensual ou uma agressividade característicos da nossa natureza e não somente os sonhos que mostram um episódio visivelmente carnal ou violento, mas também os mais aparentemente inocentes que participam, pelo menos de forma simbólica, de algum tormento desse tipo, ao mesmo tempo revelado e recalcado. O homem, segundo Freud, antes de saber que é carnal fica angustiado com a carne a ponto de sonhar com ela assiduamente. A tese é temerária e não pretendemos defendê-la literalmente. Transformada em doutrina do mito, ela é particularmente esclarecedora.

O homem, ao se deparar com o mal na sua forma de infelicidade absoluta ou de falta inexpiável, não pode deixar de se perguntar se a existência não é ruim no seu âmago, e a essa angústia ele responde com imagens do mito da mesma maneira que o sonhador para Freud satisfaz e engana o estímulo sensual pelas representações do sonho. Os mitos teriam, portanto, uma natureza onírica e seriam exatamente os grandes sonhos coletivos que povoam a noite primitiva no início do pensamento, ou melhor, o sonho acordado ao qual todo espírito consente para interromper uma lucidez que se torna dramática. Sendo assim, Freud tem razão além do freudismo. Recalque de uma angústia perturbadora, transposição de uma tendência em imagens simbólicas, sublimação necessária e vã do insuperável, todas as categorias da psicanálise teriam aqui um uso mais certo do que para as fantasmagorias incertas dos sonhos individuais. O crime e a infelicidade que acontecem com os deuses, ou com os deuses e os homens entrelaçados na mesma aventura, encontram-se em todos os mitos, e a história monstruosa e desmedida que dá ao mal dimensões sobrenaturais não pode deixar de ter um significado para o homem, pois nada do que é humano é desprovido de finalidade. A nossa hipótese busca somente desvendar a intencionalidade da função fabuladora e com isso dar uma descrição concreta da atitude do homem diante do mal, que não é natural, simples, espontânea, mas sempre implica uma dualidade e até mesmo uma duplicidade. O mito, para nós, não é nada mais nada menos do que um esforço sublime e vão para exorcizar a angústia diante do mal. Tentemos mostrá-lo pela descrição dos ritmos que pontuam o movimento do mito.

"No começo era a fábula", escreve Valéry. Basta inverter a fórmula para salvá-la da literatura e devolvê-la para a filosofia. Toda fábula remonta a começos e busca escrutar origens. Não que ela não busque um ponto zero metafísico a partir do qual o tempo se desenrolaria; o mito é antes perseguido pela ideia de um começo puro, anterior a todos os surgimentos históricos e que nenhum mal poderia atingir – mas o mal vivamente afastado da origem vem logo corrompê-la, como se existisse um mal anterior ao mal. Basta pensar no tema da guerra dos deuses, às vezes, antes da criação do mundo e que se encontra na maioria das mitologias. O homem não existe ainda e o mal já existe. O divino antes do homem já assolado pelo mal, tema mitológico por excelência: Zeus, o rei dos deuses, teve uma infância precária e ameaçada, e não se sabe ao certo se o seu reinado terá fim um dia.

A função fabuladora parece obedecer a uma dialética de contradição: num primeiro movimento, ela inventa deuses, ou seja, uma existência livre da dor, da falta e da morte; e, num segundo movimento, ela submete esses seres felizes ao mal, dando-lhes uma história e paixões.

Mas nem mesmo se coloca antes de todas as coisas uma origem absoluta e pura e logo é preciso contaminá-la; a existência superior e anterior, livre das servidões da condição humana, assim que nós a imaginamos temporal, múltipla, o mal que havíamos tratado pelo exorcismo do esquecimento volta com mais violência e malícia: os deuses são provocados contra o mal e logo o mal retorna pelos deuses. Basta que haja uma história e seres, mesmo sobre-humanos, e o mal já está presente.

A mitologia sempre liga a um excesso de otimismo um excesso de pessimismo. O pensamento que cria o mito é, portanto, uma paixão que obedece como toda paixão a uma lei de enfeitiçamento de si; aqui a angústia dá ao absoluto a sua própria obsessão. O recalque perfeitamente bem-sucedido também é malsucedido. Com essa contradição, a mitologia confessa de que causa ela é o efeito: o deus responsável do bem e o deus feliz, que se tornam o deus mau ou aquele que sofre, expressam um conflito resolvido simbolicamente no cerne da angústia.

Os dois tempos da dialética mitológica estão presentes claramente, por exemplo, em todos os relatos do paraíso perdido. Primeiramente, há um estado de amizade entre os homens e os deuses. Não acontece nada, nem duração, nem trabalho, nem história. Todas as coisas ficam suspensas ou se mostram de acordo com uma igualdade e uma regularidade que não devem nada aos ritmos sincopados da temporalidade humana; depois ocorre inexplicavelmente algo, uma queda, um fato absurdo como o clinâmen de Epicuro, uma dissonância inacessível em si mesma, visível nos seus efeitos, ciúme nos deuses, um excesso no homem. Tudo acabou, ou melhor, tudo começa neste mundo, nasceu como no mito que vimos há pouco da lágrima de um deus; a história humana está em curso porque um imortal chorou; a figura da verdadeira origem é tão bem desvendada que a própria serenidade antes da queda tem algo de podre; a harmonia que agora se perdeu era uma falsa paz cheia de tumultos e tempestades que vão continuar. Reencontramos os dois tempos de que falávamos: a imagem de um mundo sem conflito em que tudo está intacto e nada tende ao declínio; depois, o mal rejeitado completamente retorna com uma violência absoluta e invade o universo de luz e de paz que se torna, então, o mundo do trabalho e da dor, do crime e do castigo. A tensão entre os dois movimentos de sinal contrário não produz vencedor nem perdedor; não são eliminados nem o otimismo do primeiro momento pela aparição do mal e do pecado, nem o desespero do segundo momento pela memória da harmonia inicial. Entre os dois extremos a poesia do relato cria um belo compromisso, que oferece algo de apaziguador à história mais cruel. São necessários, portanto, para fazer um mito como para fazer um sonho, o ruído e o furor dionisíacos, mas também a serenidade apolínea de acordo com as grandes intuições do jovem Nietzsche.

A teoria freudiana do sonho passa a ser então, como imaginamos anteriormente, a simbologia de uma doutrina mais vasta e profunda: o homem adormece abandonando no sono a preocupação da vida, readquirindo o repouso anterior, o estado anterior de toda vida. Mas eis que a preocupação volta, exaspera-se em angústia, e impediria o sono se um gênio poético que tampouco dorme não fosse capaz de acalmar a impaciência do desejo por imagens que o satisfazem ficticiamente e impedem-no de acordar aquele que dorme. Descobriu-se assim a origem do mito mais do que a origem do sonho. Freud não dizia que o sonho é o guardião do sono? Dessa maneira, ópio de uma cultura, ópio que faz dormir, mas que também faz sonhar abundantemente, o mito, poderíamos responder, guardião do sono para uma humanidade que não pode retirar a angústia do mal, mas que evita sua preocupação e sua presença nesse irreal que é a beleza – espelho muito fiel e que, entretanto, só oferece imagens enganosas.

O mito, como o sonho segundo Freud, tem algo que é ao mesmo tempo pueril e profundo. Nenhuma mitologia é, de fato, séria e esconde por trás dos relatos simbólicos uma solução esotérica, metafísica ou religiosa, para o problema do mal. Como tampouco uma chave dos sonhos descobre a verdade da alma e o significado do futuro.

Não busquemos, portanto, um pensamento venerável, esquecido, difícil que estaria submerso no fundo das velhas mitologias como um tesouro naufragado nas profundezas marinhas. Pois o mito só responde à pergunta fazendo outra; para explicar o mal, ele sempre recorre a algum mal anterior, descobre-o nos deuses para explicar a sua presença entre os homens, círculo vicioso que é exatamente uma lógica de sonho e uma insignificância para a razão. Contudo, ao mostrar que o mal sempre está presente, o mito o explica no sentido etimológico da palavra; não o faz compreender, mas o mostra, por assim dizer, ao infinito. A agressividade disfarçada ou a súplica mascarada, ele procura surpreender a sombra que projeta o mal até no Absoluto. Dessa forma, o mito exprime o que há de lucidez aguda e de impotência dolorosa na angústia do mal. De uma dificuldade que crucifica, a função fabuladora faz algo belo. Belo como um sonho, belo como um mito.

Um exemplo bastará para verificar em um caso verdadeiro, eminente e singular a falta de hipótese proposta. Os três primeiros capítulos do Gênesis contam no estilo do mito a origem do mal. Embora, como afirmaremos mais adiante, o judaísmo represente o esforço mais heroico, tentado pelo espírito contra a sedução do mito, o começo das Escrituras judaicas tem um pouco mais que a aparência do mito. Assim, a tangente na curva é num único impulso esticada ao infinito, mas num ponto infinitesimal a sua retidão parece se confundir com a inflexão que, entretanto, nega. Sabe-se que nesse texto inaugural da Bíblia, existem, na verdade, dois relatos cujos conteúdos diferem a ponto de se oporem; o primeiro serenamente teológico descreve somente a criação; o segundo mescla a criação e a queda. A justaposição de dois relatos de espírito tão contrário mostra bem esse poder que o mal tem de contaminar o que está ao seu redor e de ser anterior a si mesmo. Pois quando o mal aparece, a criação deve ser refeita.

O Deus do primeiro relato havia criado de acordo com a ordem um mundo de razão em que o ser se juntava ao ser segundo uma hierarquia de valor crescente, todo um cosmos glorioso onde não havia distinção entre a natureza e a justiça, onde no fim o homem e a mulher eram criados juntos, na igualdade, à imagem e à semelhança de um Deus que não era avaro do seu próprio espírito. Essa é a criação verdadeiramente paradisíaca, cujo mal está ausente, e aquela em que não há paraíso terrestre. O segundo relato que parece anular o anterior fala de uma criação inicialmente menos feliz. De um espiritualismo purificado à abstração, passa-se a um naturalismo demasiadamente concreto, com um peso e uma densidade talvez calculados. Dessa vez, Deus assume feições de demiurgo, ele precisa, para que o homem exista, fazer um molde de barro do qual fará Adão, dando-lhe vida com um sopro que é mais sopro vital do que pensamento.

Tardiamente, a primeira mulher será criada, depois do mundo animal e por meio da própria carne de Adão, o que implica desigualdade dos sexos e dependência de um em relação ao outro. No Jardim do Éden, onde o homem foi colocado, o Paraíso já perdido, ronda uma serpente, animal demoníaco, nota insólita do Inferno; paira uma proibição, a de tocar as frutas da árvore do conhecimento do bem e do mal. Antes que o pecado original exista pela desobediência do primeiro homem, o mundo já é um mundo cindido; os efeitos do pecado antecedem o pecado e toda a existência decai em relação à sua própria essência: Deus é mais fabricador do que criador, nele a avareza e o ciúme são mais fortes do que a generosidade, pois proíbe o homem de elevar-se ao conhecimento, pretende manter a sua criatura em uma vida animal e natural e, quando o irreparável é consumado, esse mesmo Deus fecha para sempre o Jardim, para que o homem não colha da árvore da vida que lhe faria alcançar a imortalidade depois do conhecimento e, tornando-o semelhante a "um de nós", abrir-lhe-ia as portas proibidas do reino divino: esse Deus parece ser criado por uma consciência sofredora e culpada, que tenta se livrar do seu mal projetando-o no Absoluto, conforme a lei de toda mitologia. Se Deus caiu abaixo de Deus, o homem também caiu abaixo do homem; esta é a humanidade, mistura de lama e de sopro animal, dividida entre dois sexos desiguais, destinados ao equívoco, separados assim que a Serpente se mostra. O mal já existia em Deus, ele já existia no homem; ele existia ainda mais materialmente no Tentador, deus caído colado à Terra, avatar de algum maniqueísmo arcaico. O mal era também, na estranha ética do Jardim, essa proibição que é provocadora, e a proibição parece ter sido maquinada somente para ter pecado em abundância. A admirável descrição de uma falta chamada de original visto que se confunde com a origem e obscurece o começo. O relato do Gênesis é um mito, mas revela a sua natureza de mito: uma consciência – e poderia ser a consciência humana em geral – que sabe que é culpada e nele conta e dissimula a sua culpa, expressando um sentimento profundo do mistério do mal e um ressentimento contra esse mistério. Tudo está tão bem colocado no seu lugar que ao sonhar com o estranho e triste relato, come-se o fruto do conhecimento do mito; portanto, a perfeição do mito poderia significar a morte do mito. Os querubins e a espada fulgurante colocados na entrada do Jardim ordenarão ao espírito que elimine a função fabuladora, e esse movimento de êxodo para fora do sonho é todo o espírito do judaísmo.

Pode-se concluir que o mito é o apaziguamento imaginário de uma paixão e em particular dessa paixão inseparável do pensamento que é a angústia do mal: um tormento subjetivo justificado pela consciência lúcida da condição humana afirma-se e perde-se na objetividade sem substância de representações puras. Uma fenomenologia da mitologia é, portanto, possível – mas não poderia conduzir a uma decisão metafísica referente ao problema do mal. Que o mal só seja aparência ou que se confunda com a existência é próprio do mito não saber, viver dessa incerteza indefinidamente prolongada, idealmente apaziguada. Portanto, é impossível concluir que pelo mito o homem venceu o mal, "acorrentando-o nos laços da beleza", conforme palavras de Plotino, ou que, através desse mesmo mito, o homem é completamente derrotado pelo mal cuja obsessão não o abandona mais. O mito hesita entre possibilidades metafísicas que ele estiliza, absoluto do otimismo e absoluto do pessimismo; responde pela beleza à angústia do verdadeiro. A sua ambiguidade é radicalmente indesatável.

Da beleza como mito

Aos poucos ficou claro que, em relação ao mito, a essência se confunde com a aparência, e tanto uma quanto outra se denominam beleza. O contrário também é verdadeiro: a luz irreal e enigmática do mito está presente em toda a beleza. De tal forma que, apesar do seu caráter sumário, o nosso esboço de doutrina do mito poderia esclarecer algumas razões da busca humana da beleza, assim como o problema da origem da arte.

Veríamos aí, como acerca da mitologia, a angústia do mal, com essa diferença importante de que se o inventor do mito é um artista inconsciente, o artista é um inventor de mito mais consciente do alcance da sua aventura; o homem sabe mais o que faz quando, para enganar a angústia ou conjurá-la, ele inventa a magia branca da arte. A hipótese poderia ser considerada em toda a sua generalidade. Nós nos contentaremos em experimentá-la, confrontando-a com a literatura dramática que em todas as culturas está muito próxima da mitologia.

Normalmente, diz-se que a tragédia opera a "catarse" ou a purificação das paixões. A ideia nasceu nos lugares-comuns da *Poética*, de Aristóteles, e ela teve a sorte curiosa com o passar do tempo de contradizer o destino comum das ideias e de ir do banal ao profundo. Devemos compreender que o sentimento da beleza trágica é fundamentalmente purificação de uma paixão original, a angústia do mal, esse tormento que as grandes figuras trágicas não param de alimentar e apaziguar. O mal no mal é o contrassenso, o que não deveria ser é. O desejo do poeta trágico será, então, projetar no injustificável a dupla luz da necessidade e da beleza. O homem teatralmente trágico será o herói infeliz, visto que a grandeza do mérito deveria com justiça implicar sucesso e felicidade. O cúmulo do trágico será atingido pelo espetáculo do inocente-culpado que de *Édipo* a *Fedra* é o recurso jamais esgotado da literatura dramática. E é preciso para chegar nesse absoluto do trágico que a inocência e a culpa sejam da mesma forma notáveis e incontestáveis, que Édipo não tenha tido consciência do parricídio e do incesto, que Fedra deteste de fato o seu amor e que ao mesmo tempo a ação de Édipo e a ação de Fedra vão à escuridão mais criminosa. O herói trágico é, portanto, o oposto de um monstro e só parece ser a exceção, na medida em que as contrariedades confusas da existência humana são elevadas à clareza da essência, pois não há criatura humana que não pressinta obscuramente em meio às trevas da infelicidade e da falta tanto o infinito da sua inocência quanto o absoluto da sua culpa. Portanto, o drama não explica nada, ele mostra, denuncia, criando beleza com o incompreensível, ou melhor, com o injustificável.

A tragédia coloca em questão o homem e a existência. O seu objetivo não é penetrar nos segredos do coração humano; ela é mais metafísica do que psicológica e, nesse aspecto, participa da natureza do mito. A fábula de Tristão e Isolda não nos ensina nada em relação à gênese do sentimento do amor, ela não analisa as motivações do coração humano. Toda psicologia desaparece no episódio do filtro: como é possível? Por mágica incompreensível. Mas que o heroísmo e a falta, a infelicidade e a alegria se entrelacem numa mesma experiência humana, que a mais alta exaltação da vida e do espírito incline para o mistério da morte, absoluto ou nada, essa é a contradição intolerável, a possibilidade aterrorizante do absurdo que somente tornará tolerável a beleza do relato. Da mesma maneira, não convém pedir a Racine um conhecimento útil e positivo das paixões. Fedra é essa figura de inocência criminosa cuja aparição coloca em questão ao mesmo tempo o homem, o mundo e os deuses, pois não se sabe onde está a pior culpa, na iniquidade da cobiça humana ou na injustiça divina que pune o mal que ela própria suscitou. A necessidade e a impossibilidade de escolher entre as duas interpretações mostram que o terror trágico é terror de espírito, recuo diante de um vazio de razão. A ordem, a calma, a harmonia vêm de uma única beleza, que substitui a razão, que imita a razão ausente, mas que não é a razão.

O conflito trágico é sempre uma dialética que torna o desenlace de síntese impossível. Retomando uma linguagem que utilizamos anteriormente, uma infelicidade não intermediada é trágica. Por conseguinte, as "insolubilia", ou os indesatáveis tratados admiravelmente por Gabriel Marcel, são ocasiões privilegiadas, ou melhor, o alimento exclusivo da arte trágica e também do trágico na existência humana. Sem a confusão do bem e do mal, sem a divisão equívoca dos valores, o trágico não estaria na vida nem na arte. O maniqueísmo político, esse sistema de segurança dos fanáticos que coloca todo o bem de um lado e todo o mal de outro, elimina por abstração todo o trágico. Que num conflito os protagonistas também tenham razão e que sejam condenados a brigar até a morte para que cada um obedeça à verdade que o ilumina e sem que nunca se revelem a síntese reconciliadora, a arquitetura apaziguadora que acolheria os valores inimigos, e o conflito atinge a pura essência do trágico, propondo-nos a imagem de uma infelicidade absoluta. Seria preciso concluir, então, que o pensamento trágico, ao descobrir um mundo em que a sabedoria e a salvação também seriam impossíveis, faz do mal um problema sem solução e da consciência mais aguda uma blasfêmia contra a existência, coberta, mas não eliminada pela beleza das imagens? Ou, ao contrário, a enigmática luz da beleza contém alguma solução apaziguadora que a filosofia poderia adivinhar mesmo que não possa decodificá-la e traduzi-la no seu próprio discurso? O trágico na arte, percebe-se, coloca a mesma interrogação que o mito.

Gabriel Marcel parece escolher o otimismo quando se pergunta se o homem de teatro, portanto, o inventor de mitos trágicos, não encontraria a sua inspiração numa simpatia espiritual e profunda que permitiria englobar ao mesmo tempo os valores e os heróis numa guerra inexpiável uns com os outros; o seu criador os amaria mesmo sofrendo com a dor que os opõe; a piedade compensaria então o terror; ela seria o pressentimento de uma caridade divina que não recupera um mundo despedaçado, mas lhe traz o segredo de um apaziguamento religioso.

A abertura tentada por Gabriel Marcel para uma absolvição do trágico dentro do próprio trágico não é senão uma possibilidade indemonstrável e que permanece duvidosa. O sentimento trágico comum ao criador e ao espectador é feito mesmo de terror e de piedade, mas continua um símbolo ambíguo; a piedade exigiria antes uma religião de resignação, o terror uma irreligião de desespero, mas as duas coisas se mesclam, e o espetáculo trágico, semelhante ao mito, guarda o seu segredo. Dionísio e Orfeu, o deus e o herói aniquilados são os bons patronos da arte trágica; morrem para alguma ressurreição misteriosa no mundo da unidade, como parece pensar Gabriel Marcel, ou para alguma ressurreição ideal na beleza e somente por ela, o que não significaria então senão ela mesma? Portanto, não se pode obrigar a tragédia a confessar a verdade de uma religião da caridade. Pelo menos também é plausível falar de um paganismo como filosofia natural do trágico, que poderia, então, ser irredutivelmente politeísta; pois descrever valores em conflito é acreditar que Deus é constituído de vários e que a guerra entre os deuses sempre acontecerá. Dessa maneira, a tragédia seria somente um mito estudado, deliberado e não terminaria num mistério. Um politeísmo e uma religião da beleza, a serenidade da forma que salva musicalmente o horror do fundo, não estamos no mais claro e mais profundo sucesso do paganismo? A tragédia nos deixa incertos entre o nada de um absurdo e o absoluto de um significado bem oculto. A dor dessa incerteza faz o trágico do trágico e nós já a encontramos no mito. Às vezes, uma angústia do mal é transposta em imagens e em representações de sonho. O mito é um relato, o herói trágico é um recitador mítico. Assim nós nos voltamos sempre através dos nossos sonhos ao paganismo e à mitologia, e muitas civilizações que se veem como desenvolvidas sofrem de um excesso de memória e chamam de humanismo e cultura a vida tenaz de algumas ficções míticas.

"O que vejo", dizia Nietzsche, ainda schopenhaueriano, "me liberta do que sinto": esse é o movimento criador da beleza do mito e do mito da beleza. Essa sublimação mágica da paixão em contemplação, que o homem refaz incansavelmente, como o homem pode compreendê-la? Podemos falar de três hipóteses possíveis que são metafísicas da beleza.

Primeira hipótese, o papel do belo seria tirar a substância da realidade, substituir à opacidade brutal e absurda das existências um mundo de essências claras e transparentes. Nada existe, somente a beleza, esse irreal. O mal desaparece com a existência universal. A angústia que nos atormentava, reflexo de uma ilusão, esvai-se e transforma-se em sentimento estético. A beleza nos inclinaria para uma sabedoria niilista.

Segunda hipótese, o belo, não mais do que o mito, não pretende dissolver o inevitável e o intransponível. O crime inexpiável e a infelicidade absoluta não são destruídos ou absolvidos porque se tornam mito ou tragédia; bem mais, a realidade do mal é incompreensível para o pensamento e invencível para a ação; só faltaria dizer essa dupla carência, escondê-la com uma palavra que renunciaria a essa imploração ao divino ou apelo eficaz a um trabalho humano, palavra absoluta, irreal de pureza que só pode ter uma vitória vã e ideal diante do absurdo do real. A filosofia do mito ou da beleza seria uma irreligião no seu fundo desesperada, mas que tem a elegância de desmentir-se, dando a si mesma um estilo e uma forma de serenidade.

Finalmente, não é possível impor nem excluir uma terceira hipótese: a purificação do trágico da existência, por intermédio do mito e da beleza, imitaria uma absolvição e uma salvação que o homem necessita imperativamente, mas cuja representação só lhe é possível na impotência e na nostalgia dos símbolos.

A beleza não pode deixar de sugerir essas três possibilidades, mas ela as mistura e introduz no pensamento um estupor paralisante que o imobiliza, proibido, prestes a uma escolha, necessária, impossível.

Das descrições anteriores poderíamos, portanto, obter o esboço de uma doutrina do belo. O belo faz parte da natureza do mito; ele tem a sua origem na própria angústia do mal que apazigua através do aparecimento de uma síntese também irreal. O belo tem os mesmos adversários que o mito. Profetas de Israel, jansenistas, marxistas são todos da mesma raça iconoclasta, predestinados a não compreender ou a compreender demasiadamente a força mítica do belo. Dessa forma, esses fanáticos sublimes expulsam-no de suas cidades puritanas. A beleza não tem substância, ela pertence ao campo da aparência. "Sou a promessa que não pode ser cumprida", diz Lala em *La Ville*, de Claudel: essa mulher é tão vã e vazia quanto seu nome e existe o menos possível nesse drama de homens, mas ela é um bom símbolo da beleza, mito de um mito, duplamente imaginário.

Além do mito: um impasse e uma abertura

Assim sendo, o mito não é uma curiosidade arcaica e primitiva, é uma resposta constante que o homem não para de dar à sua angústia do mal, resposta tão estranha e natural quanto o sonho. E talvez o homem sempre saiba o que os seus mitos valem, mas sem confessá-los a si mesmo, um pouco como, segundo a psicanálise, aquele que dorme conhece o significado do seu sonho, mas ao mesmo tempo se recusa a conhecer por uma mistura de inconsciência e de má-fé, para continuar dormindo e prolongar a sua preguiça vegetativa esclarecida somente por um pensamento deteriorado e irônico. Para despertar, para ir ao extremo do humano, é preciso romper com as mitologias. Aí se encontra a salvação do pensamento e da ação. Contra a mitologia de suas próprias origens, o gênio grego inventou o destino, e o espírito judeu, a esperança profética.

O Destino na cultura helênica anuncia o fim das mitologias. O mito via uma origem no mal, dava ao tempo a figura do imprevisível e da contingência, descobrindo aí começos absolutos e descontinuidades. O mito buscava no mal razões ilógicas, hesitando entre o ciúme dos deuses e o excesso dos homens, misturando uma coisa com a outra. A afirmação da soberania do Destino é o golpe de estado que suprime essas irracionalidades ridículas, zomba dos deuses, fazendo-os interpretar personagens de comédia, e que devora a história na necessidade. Ironia suprema em relação ao mito, o destino é o livre-pensamento que explode no coração da piedade primitiva. Revolução definitiva, movimento irreversível: quando o destino se mostra, o retorno ao mito parece impossível.

Aparência, entretanto; pois o destino também é resposta para a angústia do mal, como o mito. Ele é, ao mesmo tempo, a negação do mito e a perfeição do mito. De tal forma que a mitologia, que parecia ultrapassada e derrotada, torna-se, pelo destino, dissimulada e irreparavelmente vitoriosa. O destino não é um mito, ele não acrescenta às mitologias um mito a mais; mas é a quintessência do mito, ele extrai do mito a lei abstrata que dirige o relato mítico, dando-lhe e tirando dele o que tem de patético e sério. Entre o mito e o destino, existe a mesma distância que entre uma arte figurativa e uma arte abstrata, mas ambos provêm do mesmo gênio equívoco. Do mito ao destino, aquele que dorme não deixou o sono. Só sonha quando está acordado.

O destino é o inevitável, o futuro já escrito, o tempo tragado numa eternidade de morte. Daí provém a sua ambiguidade que é a do mito, mas traduzida em álgebra metafísica. O mundo do destino é a plenitude sem falha, assim como o vazio de inanidade perfeita: o pleno, visto que o destino é a morte do possível e do ideal. Tudo o que é real é necessário, e tudo o que é necessário é real; o vazio, dado que o destino é o aniquilamento do presente e do futuro em benefício de um passado eterno dentro do qual tudo perde a sua realidade, tão impalpáveis, tão imutáveis quanto uma lembrança. O destino significa contraditoriamente: o mundo é o absoluto, e o mundo é o nada; o tempo é tudo, e o tempo é ilusão.

O mundo do destino é uma totalidade indestrutível e nenhuma de suas partes existe separadamente e está ligada ao todo como um meio bem adaptado a serviço de um sistema fechado, mundo repleto de significações, abarrotado de finalidades. Tudo é pensado, os caminhos são artifícios sutis e os acasos mentem, escondem um desejo que um dia será evidente, e o tempo é a revelação automática das verdades primeiramente ocultas, e depois de certo tempo cegas. Universo do significado, o mundo do destino também é universo do absurdo, pois se a sua finalidade está presente em todas as partes, o fim não se encontra em nenhum lugar e o que é característico da grande maquinaria do destino é que cada mecanismo se explica por suas ligações invencíveis com o todo, mas o próprio todo se afirma simplesmente através da cega necessidade da sua existência. Bom exemplo de uma "finalidade sem fim"; esse encontro com uma fórmula de estética kantiana não é sem importância: o belo também, Kant estava certo, é "finalidade sem fim"; o destino recolhe a essência bela do mito na sua abstração mais despojada.

O destino é a justiça, e inexorável; não há crime sem castigo, felicidade insolente sem queda exemplar; tudo se paga, as leis de compensação não sofrem nenhuma exceção. Entretanto, o destino é a iniquidade e sem recurso, pois o crime já é castigo, não há felicidade que uma infelicidade igual não anule, todo o mundo é culpado, mas ninguém é responsável, nem os deuses nem os homens.

Ao mesmo tempo ser e nada, absoluto de sentido e absoluto de absurdo, *summum jus* e *summa injuria*, o destino satisfaz a razão e a consciência moral para logo ridicularizá-las num supremo escárnio. Ele é o mito em si que, no fim das mitologias, acaba reduzindo todos os mitos à escravidão; como o mito, ele é uma confusão de antinomias não esclarecida, mas sublimado em falsa síntese; como o mito, ele cobre o horror do fundo com a beleza da forma. O destino, que nasceu da revolta e do desprezo do homem contra os seus deuses – Prometeu acorrentado se vinga de Zeus predizendo, através da sua inteligência do destino, a inevitável morte dos deuses do Olimpo –, pretende abolir o reino dos mitos e resume e realiza todas as mitologias. E "visto que é preciso sonhar", dizia o poeta, "sonhemos com a morte dos sonhos". Mas ainda se trata de sonhar. O destino, última palavra do paganismo, é esse sonho grandioso até a monstruosidade que é a morte de todos os sonhos, o sonho supremo, aquele do qual o espírito despertará com mais dificuldade.

Ao enfrentar a angústia do mal, o homem com muita frequência é condenado, quando busca o repouso, a oscilar continuamente entre o mito e o destino, e esses dois contrários, esses dois semelhantes, criam o mesmo impasse. A consciência judia, na sua história, tentou outro caminho que poderia ser um itinerário de abertura. Antes da vocação de Abraão, a Bíblia propõe uma série de relatos considerados como variações sobre os grandes temas da mitologia eterna: Adão e Eva, Caim e Abel, o Dilúvio, a Torre de Babel contam a história bastante previsível da desobediência e do excesso do homem, confrontando-se com os ciúmes e as cóleras divinas. Muito rapidamente aparece o espírito profético, testemunho historicamente solitário contra o mito e o destino. Nunca a alma judia, pelo menos nas suas representações mais elevadas e verdadeiras, traiu essa vocação de exceção que, por ser única, pôde confessar Deus como o Único, evitando ao mesmo tempo dar-lhe uma feição e confundi-lo com a necessidade universal. O profetismo se caracteriza pela intolerância em relação aos deuses e à sua recusa de reconciliação com o destino. Se está escrito que os povos que não têm sonhos morrem, o povo judeu deu provas de que não é um povo como os outros, e que é possível viver sem mitos. A guerra aos ídolos das nações compreende, por uma lógica reveladora, a excomunhão iconoclasta da beleza que o profetismo por um instinto profundo rejeita como pagã. O jovem Hegel no seu ódio antissemita, tão metafísico, tão clarividente, acusava Israel de ser incapaz de compreender a beleza. Ele tinha mais razão do que pensava e no lugar em que achava que era possível abater e condenar, realçava e exaltava, designando uma grandeza na qual não entrava. A beleza convencida de mentira, o caminho está, de fato, aberto para certo tipo de heroísmo e de sublime.

A consciência judia conheceu mais profundamente do que qualquer outra a angústia do mal, a experiência do pecado e da infelicidade; o povo judeu é o povo da paixão nos dois sentidos da palavra, pois é animado por uma paixão de viver poderosa e a sua existência é uma paixão continuada, povo que é sinal de contradição, povo do caminho estreito e que jurou impedir a humanidade de dormir. Os seus pensadores mais ilustres – um Espinosa, um Marx, um Bergson – não pararam de filosofar contra os mitos e ainda é realizar uma função profética denunciar na mitologia "um ópio do povo". A angústia judia, nem coberta nem travestida, tampouco metamorfoseada, existe no estado puro. Assim sendo, o povo judeu é o povo filósofo por excelência; por sua grande singularidade, a sua vocação tem um valor exemplar; o universal concreto é realizado aqui sem concessões às verdades ecléticas, médias, gerais; e o judaísmo poderá ser a filosofia natural do espírito, contanto que se chame de espírito essa parte do homem que teme o sono mais do que a morte e o sonho mais do que o real.

Buscar Deus através e por intermédio da angústia do mal, e excluindo pela violência do espírito todas as ilusões consoladoras, é uma missão tanto da consciência judia quanto da filosofia. O velho Jó é todo o povo judeu reunido numa única figura, sofredor, pedindo razão ao seu destino; ele também é o filósofo, refletindo sobre o paradoxo da condição humana, transformando a afirmação em interrogação. Em Jó, a consciência judia e a filosofia sentem o mal como paixão e pensamento.

A intervenção da consciência judia tem aqui algo de indiscreto. E recorrer a uma filosofia da angústia ainda é prematuro. Os recursos da razão não foram esgotados e ainda não é certo que uma sabedoria mais forte do que angústia não seja encontrável.

3

A SABEDORIA EM QUESTÃO

Da sabedoria em geral: suas três categorias fundamentais – totalidade, necessidade, beleza

Personagem de utopia ou figura exemplar, mas inacessível, ou homem entre os homens, o sábio resolveu o problema do mal e ele sabe que o resolveu. Perguntar-se se o sábio é possível ou impossível, ideal ou real, significa abordar o problema do mal, desta vez através de um caminho verdadeiramente filosófico, pois a filosofia é aspiração à sabedoria, e a sabedoria seria a realização suprema da filosofia, se possuir uma verdade que desse sentido à existência universal permitisse elucidar o mal como um encontro insignificante, ultrapassá-lo como um obstáculo vencido, ou dissolvê-lo como uma aparência. "E a sabedoria?", a pergunta deve ser colocada no âmago deste ensaio e devemos nos perguntar se até aqui não atrasamos obstinadamente, em função de diversão psicológica ou de divertimento estético, o momento da reflexão propriamente filosófica.

A própria noção de filosofia contém a esperança de uma vitória sobre o mal como mostra a análise da linguagem mais comum. "Ver as coisas com filosofia" e "ser filósofo" são expressões usadas com frequência em relação a uma atitude de dignidade resignada ou de humor audacioso diante do azar, da idiotice ou da infelicidade. Mas a sabedoria aqui parece recobrir uma derrota secreta e é preciso ir até a fonte desses reflexos enfraquecidos por uma luz mais pura. A sabedoria no pleno sentido da palavra é o contrário de uma intenção de retraimento, simbolizado pelo retorno da estreita Ítaca depois do périplo das grandes aventuras. A sabedoria coincide com a ambição mais extrema do homem, que é abraçar tudo e resolver com os recursos do espírito, e mesmo a opacidade aparentemente irredutível do mal. A aspiração à sabedoria, como todo pensamento, tem sua origem na angústia do mal, mas é um esforço do espírito para libertar-se dessa paixão que o ofusca e oprime. Desligar o pensamento da paixão, filosofar contra a angústia, esses são os caminhos da sabedoria.

Consequentemente, sabemos de antemão em que condição uma sabedoria é possível: que o absoluto da infelicidade e do mal não seja senão uma ilusão da paixão, que a paixão possa ser desfeita e com ela dispersados os fantasmas que ela produz. Entregar o sofrimento e a falta à prova existencial e subjetiva seria destiná-los ao absurdo e trair a sabedoria seguindo algum Protágoras trágico. Mas Protágoras deve ser refutado por Sócrates, se a sabedoria é, de fato, o oriente da filosofia. O combate é de pensamento; a angústia diante do mal não é somente um tumulto afetivo, ela é o terror diante do absurdo, as coisas não são o que deveriam ser. Lembremo-nos das figuras maiores do mal: a infelicidade do inocente, a divisão dos valores que condena a uma cegueira parcial toda lucidez política, moral, talvez religiosa, a morte de um espírito tão incontestavelmente feito para conhecer o universo e abraçar o todo, tantas derrotas da razão; daí temos mais grave do que o pânico do coração a vertigem do espírito contra a qual a filosofia recorre à sabedoria. A razão deve ter razão e o irracional ficará convencido de que é um irreal sem substância. Esse imperativo categórico define uma condição necessária de possibilidade da filosofia como caminho e da sabedoria como fim.

Através da sabedoria, seria rompido o círculo vicioso da angústia e do mito. A mitologia, como já vimos, usa artifícios com a angústia do mal, e em todas as civilizações, ela não para de expulsar a sabedoria e de sucumbir à angústia, mascarando e compensando a sua derrota pelos símbolos gloriosos da arte. Disso decorre a alternativa da filosofia e da mitologia. A busca da sabedoria contradiz o abandono aos mitos da mesma maneira que a véspera condena e interrompe as imagens confusas dos sonhos. Haverá sabedoria se, uma vez afastadas as imagens fantásticas e patéticas, o absoluto do mal não resistir "à fixidez calma e profunda dos olhos", ao olhar do espírito, a uma visão metafísica que se tornaria por si só uma vida espiritual. A sabedoria não se encontra por acaso e por vias secretas. A viagem é de luz. Resta tentar um esboço rápido.

Se o propósito da sabedoria é um esforço no sentido de dissipar o nada do absurdo na clareza de um sentido universalmente abrangente, são múltiplas as sabedorias que os homens pensaram atingir em vários momentos da história do espírito e, às vezes, elas se mostram sob formas muito imprevistas, mas essas espécies não passam de variedades de um gênero imutável. A mesma sabedoria está presente em todas as sabedorias, preocupada em abolir os enigmas e os escândalos da existência numa palavra inteligível, uma razão real e viva que será, ao mesmo tempo, explicação e absolvição. O ser tende a se confundir com um discurso coerente e harmonioso. Como realidade material, a sabedoria pode ser discutível, mas não como forma, e essa forma goza de uma constância que vai até a identidade. Há uma essência da sabedoria. Mas essa essência pode vir a existir? Nesse enunciado falsamente abstrato reside toda a esperança de uma solução racional do problema do mal.

Semelhante à Atena saindo armada e fraca da cabeça de Zeus, a sabedoria atinge com o seu primeiro golpe a sua figura perfeita: ela situa o homem numa bela totalidade que não pode ser diferente do que é e cujo conhecimento tem a virtude de tirar o mal do mal, ou seja, de eliminar o que parecia ter de injustificável. A angústia do mal só tem uma alma, vã, de ignorância; ela não conhece o todo, ela faz de uma infelicidade específica, de uma iniquidade específica, uma totalidade absoluta; ela não conhece a necessidade, ela opõe ao incontestável um possível imaginário e obriga-se a ver num mal somente o arbitrário e a maldição; ela não conhece a beleza e o seu poder de apaziguamento; ela se fecha no falso sublime da revolta. O mundo da angústia é um mundo cindido, no qual o laço inteligível é rompido e essa diáspora do ser impõe a falsa evidência do absurdo. Assim sendo, para entrar na sabedoria basta passar da ignorância ao saber.

Conhecer primeiramente a totalidade: o axioma fundador da sabedoria afirma a identidade do Todo e do Bem. O ser é uno, indivisível e sem outro fim que não seja si mesmo, ele é o valor supremo; é absurdo supor um ser fora do ser ou um ser melhor do que o ser, uma vez que o ser é o todo. Essa inteligência da totalidade logo se torna uma graça, mas racional: pensando no Todo, o homem (mas não o homem enquanto homem, o homem enquanto espírito) é capaz de colocar no seu lugar, numa arquitetura vasta e apaziguadora, o sofrimento e a falta, mesmo aqueles que, atingindo-o bem no coração, o convidariam a se fechar em si mesmo e lhe dariam a ilusão de uma ruptura com a totalidade. Pensa no todo, reflete sobre o todo e o teu mal não terá importância, máxima maior da sabedoria. Se o homem singular fosse o todo, o seu mal se tornaria absoluto e criaria ao mesmo tempo o enigma e o escândalo de que falávamos. Quer seja chamado de guerra, peste ou fome, o mal só devasta uma parte, ele é relativo e passageiro e não se pode jamais torná-lo atributo do Todo, pois não pode ser combatido por si mesmo, ter uma doença ou ser desprovido de algum bem. Pela graça do Todo, desaparecem assim o falso absoluto da infelicidade e a mentira do mistério de iniquidade.

Conhecer, em segundo lugar, a necessidade: a ligação das causas e dos efeitos, a sequência dos tempos, o determinismo das situações, mostram claramente como são inevitáveis o mal, a mistura do bem e do mal, as catástrofes e a morte. Um furor coletivo de crime e de fanatismo considerado sub *specie necessitatis* não é diferente de uma tempestade e de uma avalanche. Dessa forma, a desordem é levada à ordem; um inferno que tem suas leis deixa de ser um inferno; a razão triunfa no próprio coração do absurdo; a necessidade estabelece a soberania do real; os limbos de um possível, utópico ou torturante que não é, mas que poderia ter sido, tornam-se mitologia; o possível, exatamente, é impossível. Compreender conforme a necessidade – e com que outra inteligência mais acabada poderíamos sonhar? – aderir à necessidade, e assim abolir o mal, outra máxima maior da sabedoria. O mal é considerado assim nas ligações que o unem ao ser e ao bem. O absoluto do mal gerador de angústia não passa de uma miragem extinta.

Conhecer enfim a beleza: as comparações estéticas são familiares à sabedoria; as sombras que realçam as cores, a dissonância colocada onde se deve, enfatizando a harmonia, as teodiceias, dos estoicos a Leibniz, multiplicaram esse tipo de lugar comum que não deixa de ter significado profundo. Pois a beleza, límpida para o espírito, propriedade fundamental do ser, é a única solução do problema do mal que é, ao mesmo tempo, uma absolvição. Contemplar a beleza que para a sua própria glória utiliza, de forma tão sábia, tão inocente, feiuras e deformidades, eis a terceira máxima maior da sabedoria, e ela propõe uma redenção inteligível do mal. Um mestre de sabedoria, nesse declínio do helenismo que revela a sua essência, encontrava uma imagem admirável para expressar essa religião feliz e cega em relação ao mal. "O mal", escreve Plotino,

> não existe isoladamente... ele se mostra necessariamente preso nas ligações da beleza, como um cativo coberto de correntes de ouro; essas ligações o escondem para que a sua realidade seja invisível para os deuses, para que não fique sempre diante do olhar dos homens e para que estes, mesmo quando o veem, possam, graças às imagens que o recobrem, lembrar-se da beleza e unir-se a ela.[1]

Esse triplo saber – totalidade, necessidade, beleza – é fundamentalmente uno; as três categorias da sabedoria se

[1] Plotin, 8e Traité de la *Première Ennéade*. Édition Budé, p. 130.

supõem mutuamente e remetem uma à outra. A totalidade é necessidade; pois mais profundo do que o determinismo dos fenômenos é a ligação que une o todo a si mesmo, impede-o de se desfazer e de se dispersar, dá-lhe uma realidade soberana. E a necessidade só pode ser total para afastar toda suspeita de contingência e estabelecer a coerência universal do ser. Pela beleza, a totalidade e a necessidade passam do abstrato ao concreto, o inteligível se torna sensível; uma totalidade harmoniosa pela própria virtude de sua necessidade imanente, de sua finalidade interna, existe algo de belo, e essa beleza é manifestação de um significado, desvio do absurdo; o mal carregado com as correntes de ouro da beleza é o prisioneiro que acrescenta à glória do triunfo. O Todo é festa e cerimônia. Como não aceitar essa organização majestosa?

Se o mal é obstáculo e objeção à reconciliação do homem e do mundo, a sabedoria é uma técnica impecável de esmagamento do obstáculo e de refutação da objeção. Quando o significado escapa e foge, o recurso à totalidade, à necessidade, à beleza, restabelece-o com uma força que se considera intransponível. Por exemplo, a angústia do mal, essa paixão, fazia da morte uma infelicidade absoluta. A sabedoria será mais forte do que a paixão, provando que o desaparecimento do ser acabado e particular é o sacrifício razoável e necessário que a parte consente à realidade mais divina do Todo, e que a renovação dos indivíduos, enfatizando a permanência das grandes estruturas, a constância dos tipos e das leis, torna mais viva a Beleza universal, capaz, portanto, de se mover dentro de sua imobilidade.

A sabedoria, múltipla e una

Embora esteja longe de se confundir com todo o pensamento e a espiritualidade da Grécia, a sabedoria, tal como acabamos de descrevê-la, é bastante característica de uma grande ambição do helenismo. E cada vez que o espírito humano tiver a tentação de dar uma solução total para o problema do mal, ele não poderá se lembrar da sabedoria antiga. Entretanto, a sabedoria, mesmo que pareça ter nascido, ter uma origem, não poderia se confundir com as parcialidades de uma cultura; ela tem algo de universal, aproxima-se bastante de uma exigência profunda da razão. Contestada, rejeitada, ela chega a renascer, às vezes, sob formas imprevistas, mas a sua figura é sempre reconhecível, inalterada em cada uma de suas encarnações, como se participasse do eterno.

A sabedoria era múltipla e una na antiguidade helênica, quando pôde se chamar Parmênides e Heráclito para citar os dois grandes fundadores da filosofia ocidental.

O Ser parmenidiano é uma totalidade necessária e bela simbolizada, no célebre poema, pela plenitude, pela densidade, pela harmonia de uma esfera e pela clara imagem da perfeição. Parmênides é o primeiro dos grandes teólogos racionalistas, o verdadeiro inventor do argumento ontológico, pois o Ser que ele celebra com solenidade não pode não ser, a perfeição da sua essência o estabelece para sempre na existência, e o impensável não ser também é o impensável absurdo. Esse mal que é ruptura, separação, ausência, o Deus parmenidiano o torna impossível pela força de sua presença total. O seu peso metafísico é ao mesmo tempo graça espiritual. A pluralidade dos seres levaria inexoravelmente cada um a pensar em si de maneira diferente, ela romperia e mataria Deus. Ninguém expressou melhor do que Parmênides e com tanta simplicidade metafísica que o mal não existe uma vez que Deus existe. O princípio do mal, que é a diferença, encontra-se radicalmente extirpado. Sem dúvida, é preciso pagar o preço de uma purificação tão perfeita. Com o mal, é o mundo sensível que se convence de ilusão, visto que ao se espalhar no espaço, ao se desdobrar no tempo, ele nos propõe uma falsa aparência de movimento e pluralidade. A maneira parmenidiana de filosofar contra o indivíduo, o mal e a paixão, estará presente em Espinosa. Ela é uma das constantes do espírito humano: esqueça o tumulto do mundo, lembre-se de *Midi le Juste* e você será libertado do mal, ou seja, da mentira da aparência.

Com Heráclito, recusa-se a ideia desse Deus que existe de maneira tão absoluta que reduziria o ser do mundo ao estado de vão simulacro; a totalidade necessária e bela é o próprio mundo elevado à existência eterna e divina. Heráclito não é, de forma alguma, esse figurante das polêmicas platônicas que teria falado, fora da esfera de influência do pensamento, de um universo levado num fluxo perpétuo e sempre diferente de si. O mundo de Heráclito muda, mas essa mudança é governada de dentro por uma lei de contradição que lhe dá, ao mesmo tempo, verdade e realidade. A discórdia está presente em todas as partes, entre os elementos e as cidades, mas ela cria a unidade, o cimento do mundo e transforma-se, assim, em concórdia secreta, a guerra entre o mesmo e o outro, entre o assaltante e o assaltado, compondo essa harmonia dramática que cria a identidade da razão e do mundo. Poetas e profetas bem-pensantes, que desejam piedosamente o desaparecimento da guerra, são niilistas cheios de ódio do mundo que sem o conflito não existiria. Assim, nada jamais está perdido e não há mal que não seja meio do Bem, uma vez que seja compreendido por uma razão dialética; uma decadência anuncia um progresso; uma injustiça, uma nova justiça; uma morte, um renascimento; o crepúsculo sempre compensado por uma aurora, esse é o equivalente heraclitiano do pleno sol parmenidiano. Esse mundo exclui o absoluto do mal e requer uma adesão absoluta; ele é a totalidade necessária e bela de que falávamos, com essa variável que desta vez a necessidade é dialética e não para de ligar o contrário ao contrário. A filosofia heraclitiana da sabedoria também é uma constante do espírito e ela renascerá com Hegel e a posteridade de Hegel. Filho da Terra e de uma Terra dentro da qual a luta dos contrários realiza a Justiça: esses arcaicos são nossos contemporâneos.

O parmenidiano e o heraclitiano encontrar-se-ão, portanto, ao longo da história. É possível que pratiquem um em relação ao outro a intolerância e a proscrição, pois só concordam um pouco em relação ao conteúdo das questões humanas. A sua ética e a sua política são feitas para se enfrentarem, o parmenidiano será contemplativo e devolverá a ação à comédia do divertimento; o heraclitiano fará do seu pensamento uma ação e de sua ação um pensamento, "práxis" no mundo e a serviço do mundo. Contudo, os parmenidianos e heraclitianos não buscam a sabedoria por tê-la encontrado; eles sabem onde está a totalidade necessária e bela; venceram a angústia da solidão e da separação; são os homens mais religiosos, aqueles que se situam além do problema do mal. Além ou talvez aquém.

Reunir aqui uma síntese da história das sabedorias é, sem dúvida, impossível. Nós nos limitaremos a observar brevemente algumas correspondências e constantes.

Há em Platão uma tentação parmenidiana e, se tivesse cedido a isso, se no fim não tivesse colocado em

Parmênides uma mão parricida, Platão teria, de fato, professado esse platonismo incansavelmente descrito pelos manuais e pelas histórias da filosofia. A Ideia que devolve à ilusão a multiplicidade do sensível, a Ideia do Bem "que não é Ideia" cuja pura transcendência expulsa a pluralidade das Ideias, a mística de evasão, o "fugir daqui", o deixar a região da dessemelhança para entrar na semelhança divina, esses temas definem um momento parmenidiano de Platão, do qual Plotino se lembrará.

Algo da genialidade de Heráclito está presente nos estoicos, com menos sutileza aristocrática e dialética, mas com um novo vigor popular e moralizador. Uma solução totalmente otimista para o problema do mal segundo as exigências integrais da sabedoria, esse é o fundo da filosofia do Pórtico. O mundo, como totalidade bela e necessária, explica todo o estoicismo, a ética e a metafísica. Compreender e querer o todo num ato que é ao mesmo tempo pensamento e ação, conversão e salvação, passar assim da paixão para a razão, significa abolir o mal, desprezar a distinção idiota e patética da felicidade e da infelicidade, querer tudo o que acontece, e pela inteligência da necessidade viver a unidade divina do mundo. Assim sendo, o sábio é superior ao homem e do mesmo nível de Deus. Sendo compreendido e amado, o mundo, também pode se chamar Destino, o que significa dar-lhe os atributos divinos de totalidade, necessidade, beleza.

O Ser universal identifica-se, então, com o absoluto do bem. Todo o arsenal dos argumentos inventados pela piedade humana para provar que Deus não tem culpa do mal foi elaborado definitivamente pelos estoicos, e quem filosofa na sabedoria se condena a assumi-los e repeti-los. O estoicismo é o inventor da teodiceia, que é, ao mesmo tempo, uma cosmodiceia, visto que a piedade em relação a Deus e a piedade em relação ao mundo são uma única religião. E essa teodiceia tem o seu destino: propõe-se a dizer que a infelicidade não é nada, dado que não é senão privação e que o Ser não poderia ser responsável pelo não ser; que a maldade não faz nada e serve para a realização da Necessidade: *fata nolentem trahunt*, *volentem ducunt*; e que, por fim, as lágrimas e o ranger dos dentes nas regiões inferiores do mundo tornam a música das esferas mais divinamente harmoniosa.

O pensamento cristão, historicamente considerado, tem uma dupla origem: ele vem da Bíblia e do Evangelho, mas também da Grécia. Por causa de sua origem helênica, é tributário dos filósofos da sabedoria e, em primeira análise, as teologias, ou melhor, as apologéticas cristãs, preocupadas em conciliar a bondade de um Deus todo-poderoso com a realidade do mal não deixarão de utilizar as respostas prontas da sabedoria antiga.

Recurso à totalidade: só vemos um aspecto parcial das coisas, o aqui, o tempo transcorrido. Se pudéssemos adicionar a isso o futuro e o além, todas as coisas seriam explicadas e justificadas, o enigma resolvido, o escândalo abolido pelo acesso à síntese total. Portanto, ainda temos aqui uma privação, a ausência do conhecimento do todo, que suscita a angústia diante do mal. Bastaria que o pensamento do homem coincidisse com o olhar universalmente envolvente que confundimos em geral com o Espírito divino para que a injustiça apareça como caminho e meio de uma justiça integral; pois, como diz o poeta: "A visão da Justiça é somente o prazer de Deus". E se não podemos alcançar essa euforia do apaziguamento, só se trataria de uma demora penitencial por causa de nossa condição carnal, a fé não é senão o substituto de uma razão que não pode se equiparar à totalidade enquanto não desaparecerem as limitações e as proibições da matéria e do tempo.

Recurso à necessidade e a uma necessidade de caráter finalista; os temas da resignação e da Providência adquiriram, com frequência, um clima cristão mais do que uma ressonância, um conteúdo propriamente estoico. O que acontece pode se mostrar ao homem como bem ou como mal, segundo uma subjetividade cega e parcial, mas em si o fato, infelicidade ou iniquidade, corresponde sempre à realização de um desejo, que transforma o mal em condição de um bem maior, como a traição de Judas pela qual passa a redenção do mundo. As palavras de Claudel – "o mal existe no mundo como um escravo que faz a água subir" – fazem ecoar as palavras de Plotino sobre "o cativo coberto com correntes de ouro". Aqui, novamente, uma fé adaptada à enfermidade do espírito humano substitui, de fato, uma razão que, liberada de suas condições de existência no homem, veria totalmente através do universo e da história uma necessidade criadora do melhor.

Recurso, enfim, à beleza: a noção de glória de Deus é bem feita para dar ao universo cristão uma espécie de brilho estético que seria a sua justificação suprema. Mesmo no além, se a divisão do Inferno e do Céu, não faz um mundo irremediavelmente cindido é porque, dizem alguns teólogos, o Inferno glorifica a Justiça, e o Céu, a Bondade de um mesmo Deus. Não estamos tão longe desse canto do mundo e dessa harmonia das esferas que percebiam pelo espírito os sábios da Antiguidade, e Dante, ao nos propor a totalidade necessária e bela de *A Divina Comédia*, convocando homens, condenados e eleitos num universo completamente reunido em que cada um se encontra no lugar certo, faz de uma sabedoria revelada a verdade, talvez mais estética do que religiosa, da visão católica do mundo.

Último exemplo, considerado de forma maciça e elementar, o pensamento hegeliano e marxista, mesmo tão exasperado com polêmicas contra as filosofias tradicionais da transcendência e da eternidade, vem também, através de toda uma revolução do espírito e da cultura, falar a favor da sabedoria, e de uma maneira muito mais decisiva e menos ambígua do que a forma racionalista e escolástica do pensamento cristão.

Quando Hegel, na *Filosofia da História*, quer justificar o sacrifício dos grandes homens da história universal, vítimas, como César ou Napoleão, de sua grandeza e de seu aparente exagero, ele explica que sua paixão (nos dois sentidos de fanatismo e de infelicidade trágica) não era senão o meio utilizado pela razão presente na história. O sofrimento do grande homem é intermediado dentro de uma totalidade necessária e que se realiza segundo a beleza, embora esses heróis se tornem sábios sem saber, agentes de questões da genialidade do universo, porque são instrumentos inconscientes de uma sabedoria impessoal e bela. Esse exemplo revela o método e a doutrina; aqui se encontra o demônio reencarnado de Heráclito: o mundo é dramático, mas a guerra deixa de aparecer como cruz e escândalo, pois a contradição não é a prova noturna, mas o triunfo luminoso da razão. Como dizem os exegetas modernos de Hegel, o seu pantragismo coincide exatamente com um panlogismo, contanto que se trate de uma lógica dialética e heraclitiana. A angústia diante do mal é a parte da "consciência infeliz", a que perdeu a bela totalidade do helenismo. E Hegel não para de filosofar contra a consciência infeliz para reconciliar o homem com o destino, que por necessidade dialética realiza o melhor na história. A realização e o sentido ainda não são, mas serão, fazendo da história uma totalidade. A sabedoria tem razão e a paixão é loucura.

O marxismo é uma sabedoria de estilo hegeliano que também se prolonga dando um novo conteúdo às grandes sabedorias pagãs: aqui ainda a dialética, a necessidade totalizante da história, traz uma absolvição a formas aparentemente intoleráveis da infelicidade; o desespero diante do sofrimento das humanidades alienadas e exploradas vem da nossa ignorância, pois nós só conhecemos a parte ruim da história dos homens; numa pré-história que é a parte abusivamente separada do todo, há mais sombras do que luzes; mas o que existe aqui é a extrema dor, não a paixão, evocada por Hegel, de um homem predestinado, em evidência, na frente do palco como um herói trágico, mas a paixão coletiva maciça de toda uma classe, o proletariado alienado e frustrado; a queda de toda uma comunidade de homens num inferno social é a condição necessária de uma organização definitiva da história. O jogo dos contrários levado ao seu limite extremo, a classe mais desumanizada, a mais separada aparentemente, tornará a Humanidade una e reconciliada. Para a interrogação sobre o mal, o marxismo não conhece outra resposta senão a da sabedoria: expande o teu estreito pensamento nas dimensões de uma razão totalizante, compreende a necessidade dialética presente no mundo através de uma adesão de pensamento e ação ao movimento da história, e a vítima se torna o carrasco do seu carrasco, o escravo, o senhor do seu senhor, os sistemas de injustiça criam os seus próprios sepultadores, o sangue e a lama de ontem e de hoje são assumidos e transformados na glória da humanidade futura. O estetismo é a verdade por trás da sabedoria: os amanhãs que cantam e a música das esferas expressam o mesmo recurso ao que se deve chamar de mitologia da beleza.

Divisão e perenidade da sabedoria

As nossas análises anteriores colocam o problema da sabedoria. As três categorias de totalidade, necessidade e beleza se devem à natureza do espírito, mais exatamente designam no espírito a presença exigente da razão e a busca do sentido é determinada *a priori* nesse esquematismo eterno? A sabedoria é, então, o ideal que funda a filosofia, visto que o fim derradeiro é princípio? Ou, ao contrário, a sabedoria não seria anterior a esse questionamento das seguranças racionais e míticas que é o primeiro momento da filosofia? Compreenderíamos então que a imagem da sabedoria persegue as filosofias, como carregamos para o exílio a pátria perdida; a sabedoria seria então retrospectiva, objeto de reminiscência e de nostalgia. É necessário, heroicamente, deixar para sempre a sabedoria como se desperta de um sonho ou é preciso obstinar-se na sua busca, uma vez que já foi encontrada?

Essa dupla série de perguntas coloca uma antinomia que poderia ser uma situação do pensamento e que não proporemos decidir nem resolver. Não se trata absolutamente de escolher entre a sabedoria como mito e a sabedoria como Ideia eterna, menos ainda de buscar entre as duas respostas extremas um compromisso impossível e medíocre. As duas teses são verdadeiras, cada uma mantém a sua exatidão e o seu rigor. A filosofia se divide entre uma e outra, sem poder encontrar uma posição de equilíbrio bem no meio, uma escolha ou uma síntese que também lhe são negadas. Daí decorre a vertigem que é sua fiel companheira de estrada. De um lado, a filosofia tem a função de se rebelar contra a mistificação das sabedorias, e não por jogo, mas num combate brutal que deseja e obtém a destruição do adversário. Mas a guerra vitoriosa que a filosofia trava com as sabedorias lhe mostra cada vez inalterada, indestrutível, a Ideia de sabedoria, não mais como representação, mas como exigência. A filosofia está condenada a dizer essas duas coisas que se contrariam: a sabedoria deve ser vencida; a sabedoria é invencível. Essas duas linguagens criam uma honestidade; esse jogo duplo cria uma probidade.

A sabedoria é pré-filosófica. Ela dizia ao homem: inscreve o teu ser na totalidade necessária e bela, entra na dança, não impeças a música e não existirá mais problema de mal para ti. A filosofia nasce e desperta para si mesma num Cogito que por seu surgimento rompe de maneira irreparável a totalidade necessária e bela.

Pois se todo pensamento é pensamento de alguma coisa, segundo a meia verdade que convém admirar para se adaptar ao século, e não é muito mais profundamente verdadeira a ideia de que todo pensamento é pensamento de alguém? Tudo o que chamamos de personalismo está presente nessa fórmula. Mas há uma guerra mortal entre a pessoa e a totalidade. Por mais que esteja inserido e conectado, um pensamento pessoal introduz no universo e nas comunidades que o veiculam um centro de ruptura, de descontinuidade que fragmenta o Todo; o dado imediato da consciência é o "eu existo à parte". Então como o mal poderia se desligar do ser pessoal que o sente para entrar numa imensa balança de compensação e equilíbrio para servir a glória do Todo? O jovem Péguy expulsava os historiadores da cidade harmoniosa que ele profetizava, pois teriam se perpetuado nela a memória da opressão e da infelicidade anteriores, e essa única dissonância teria sido suficiente para destruir a harmonia da realização derradeira. Visão profunda que mostra bem a impossibilidade de totalizar na imanência a experiência humana. Os sofrimentos podem contar como vias e meios no advento do todo, não os homens sofredores.

Como também, assim que surgiu o Cogito, fazer da necessidade universal a verdade que dá sentido? Um Cogito é começo, iniciativa, questionamento da natureza no centro da qual surgiu. Diremos que o consentimento da necessidade universal é liberdade autêntica, e que o "eu penso" é ilusão se ele não pensa no que existe e não pode ser diferente do que existe? É preciso, então, que o externo e o interno coincidam, que o movimento mais profundo da consciência vá ao encontro da necessidade objetiva e divina. Não sou eu mais que penso, é o Todo que se afirma e que pensa através de mim; isso equivale dizer que não há mais livre subjetividade e de ninguém; somos levados a ir ao extremo da lógica do *nolentem trahunt*; afirma-se que a recusa do necessário não é nada e não faz nada, e significa condenar o testemunho da consciência e, mais uma vez, negar a realidade da pessoa. O personagem Besme, de Claudel, em *La Ville*, tem razão contra os apologistas da bela e boa necessidade: "Vamos, coloca uma balança entre nós, põe os pratos – E pega o Universo e tu o colocarás no primeiro e colocarei no outro – A minha dúvida e este descerá". Não dar valor à necessidade não é, de fato, ser mais forte do que a necessidade?

O triunfo da sabedoria era fazer de todo mal um sacrifício para a Beleza. A totalidade era bela, a necessidade era bela; portanto, merecem vencer absolutamente. Mas essa vitória total, o personalismo do Cogito logo a transformou em derrota total, pois a metafísica e a ética da sabedoria descobrem então a sua verdade que é estética, e como sacrificar o absoluto da consciência à divindade do belo? A pessoa deixa de ter a realidade e o valor ao ser reduzida ao papel de meio ou de momento dentro de um belo espetáculo ou de um discurso harmoniosamente encadeado. O recurso ao poema sempre é a última palavra da sabedoria. E falam-nos, novamente, em linguagens diferentes sobre o mesmo tema no fim monótono: que o mal compõe o bem e que assim está ligado à totalidade por correntes de luz. É preciso tudo para criar um mundo, até mesmo pessoas infelizes e más. A Ilíada seria menos bela sem a idiotice detestável de Térsites e a morte lamentável de Heitor, e o mundo é uma Ilíada que exige para a sua beleza o seu contingente de Térsites e a sua legião de Heitores. A pessoa não é mais a pessoa, ou seja, ela também é um centro de totalização do mundo, ela se torna o personagem de uma tragédia de teatro, ou seja, finalmente de uma comédia. Pois uma divina comédia é uma comédia.

A sabedoria tentara demonstrar que o mal se reduzia à privação e à ausência, portanto ao não ser, contanto que seja compreendido e situado no cerne de uma bela totalidade. Mas a beleza dá irrealidade a tudo que ela toca e a bela totalidade se transforma em bela aparência. Um texto de Plotino no seu tratado da Providência, que é um modelo de teodiceia, mostra de maneira admirável no que se transformam o mal e o mundo quando são pensados por uma sabedoria *sub specie pulchritudinis*:

> Vejamos como um espetáculo de teatro esses assassinatos, essas mortes, essas ocupações e esses saques da cidade! Tudo isso são mudanças de palco, de figurino, as lamentações e os gemidos dos grandes personagens. Pois em todas essas circunstâncias da vida real, não é a alma dentro de nós, é a sua sombra, o homem externo que geme, se queixa e faz todos esses papéis nesse teatro com múltiplos palcos que é a terra inteira.[2]

Aquele que contempla a guerra através da beleza vê *uma dança pírrica*. A tragédia não é senão dramatização. Esses são a beleza do destino e o destino da beleza.

O destino tal como a linguagem estoica o mostra é outro nome da totalidade necessária e ele também é uma categoria estética. O mundo que nos revela o olhar contemplativo da sabedoria é exatamente idêntico ao mundo da arte trágica, e a angústia do mal se torna essa piedade diante do infortúnio, esse terror diante da iniquidade da qual nos purifica a intuição do destino "todo-poderoso e justo" como diz Hegel. Assim se encontram desprovidos de realidade o infortúnio e o crime pela inteligência da bela totalidade. Percebe-se, então, por que há um

---

[2] Plotin, 2e Traité de la *3e Ennéade*. Édition Budé, p. 43.

idealismo da sabedoria: é que a beleza e o destino são irreais de essência estética.

Os resultados de uma desmistificação da sabedoria dissimulam literalmente as conclusões da análise crítica à qual foi necessário submeter as falsas confidências da mitologia. A sabedoria pretendia abolir os mitos e ele reconhece a soberania da beleza, esse mito dos mitos. Essa era também a dialética do destino, inimigo de todos os mitos e mito absoluto. O sábio que vê num mundo uma república ideal expulsa de sua totalidade harmoniosa os poetas inventores de mitos; mas usa com eles uma mão fratricida, pois é da mesma espécie deles, não um poeta, mas o poeta. Diante dessas formas não intermediáveis do mal que são o infortúnio do inocente, a guerra dos valores, a força invencível da morte, todos os poetas tentam a mediação da Beleza, e o sábio é um deles. Mas a beleza reveste o injustificável sem retirá-lo, e é vã, ou ela o dissolve na aparência universal e é uma vaidade maior. Consequentemente, os iconoclastas da beleza são ao mesmo tempo os iconoclastas da sabedoria, isso se percebe bem ao trazer à lembrança a vocação de Israel. Por conseguinte, a filosofia é judia e os tiranos, esses inimigos da filosofia, são condenados ao antissemitismo como mostram o raciocínio e a história.

A sabedoria derrotou a angústia do mal apenas na idealidade do símbolo. Prova-se uma vez mais que a angústia do mal não é uma emoção parcial, precária e cega, mas uma paixão propriamente metafísica, à qual o ópio das mitologias e dos racionalismos (e é a mesma virtude soporífica) poderá imprimir uma aparência de sono, mas cujo despertar coloca a sabedoria em questão. O momento mais sábio na história das sabedorias é o da sua fragmentação. É o momento de Pascal ou de Kierkegaard, que não imitaram, como se pretendeu anteriormente acusá-los, Protágoras em benefício de uma apologética solicitada. Mantendo o que chamamos de identidade do pensamento e da paixão, enquanto a sabedoria buscava num pensamento contemplativo e estético o fim da paixão, comportaram-se como filósofos. Momento "existencial", se preferirmos, em que a filosofia nasce enquanto uma sabedoria morre.

O paradoxo é que a sabedoria sobrevive a sua própria fragmentação e ela não deixa de atormentar o pensamento que a convenceu de ilusão. Pois para que o espírito experimente a paixão diante do absurdo, ele deve ser profundamente exigência de Sentido. Julgar que esse sentido é indecifrável no texto da história e do mundo significa trazer consigo a Ideia, premente e velada. A filosofia é amor da sabedoria; mas a verdade desse amor – como a de todo amor – chama-se paixão. Há um amor do humanamente impossuível que se alimenta de desejo e de ausência.

Podemos compreender melhor o que é a totalidade necessária e bela: uma representação pura e sensível da sabedoria que tentaríamos fazer coincidir com o curso das coisas e o ritmo da história para remover o mal do mundo. Mas a sabedoria dos sábios é, parente próxima da arte, uma magia humana que não produz o que significa e ela se perde no esquecimento e no sonho. Na totalidade necessária e bela, revela-se, para utilizar as técnicas kantianas, o esquematismo da sabedoria – mas esse esquema não pode se aplicar à realidade cósmica e histórica. Ideia e não categoria para usar a linguagem kantiana exata. A sabedoria não é, portanto, reconhecível no mundo, o símbolo trai a Ideia e a representação, a exigência. Tratava-se então de questionar a sabedoria, registrar a beleza vã das respostas, mas também de manter-se fiel à sabedoria no crepúsculo das sabedorias, de pensar, na paixão do espírito, essa dupla verdade da fragmentação das sabedorias e da perenidade da sabedoria. Só, então, poderá ser colocado o problema de Deus, ou melhor, o problema da crença em um Deus que não será mais confundido com um ídolo, uma lógica ou uma estética.

4

O ATEÍSMO PURIFICADOR

A dialética do otimismo e do pessimismo

As certezas já adquiridas só são aparentemente mais negativas do que positivas e mostram bem para que lado, oprimida e paralisada pelo problema do mal, a filosofia deve se virar para retomar fôlego e energia.

Os grandes e belos caminhos, ou seja, os itinerários de sabedoria, não levaram senão a impasses. É possível que não haja uma grande estrada no fim da filosofia, mas somente uma via estreita, senhora da solidão e da inquietude.

A angústia do mal tem esse privilégio de ser essa porta estreita pela qual é preciso se esforçar, angústia que resiste, impermeável, já vimos, a todas as formas de apaziguamento estético ou de pacificação racional. Se, por um momento, for enganada, abrandada ou proibida, ela ressurge invencível. Esse fogo que as grandes águas da sabedoria não puderam apagar, já sabemos que queima; devemos aprender que ele também ilumina.

A alternativa do otimismo e do pessimismo cria um falso problema para quem pensa a partir da perspectiva interna da angústia, esse resultado já foi recolhido, mas é preciso mostrar depois o seu aspecto crítico, o lado positivo. Não se trata de decidir entre Leibniz e Schopenhauer, de se perguntar se o nosso universo é o melhor dos mundos possíveis ou se o querer viver que mantém todos os seres na existência não seria totalmente ruim. Considerar os dois sistemas como paradoxos e buscar uma solução para o problema do mal num otimismo relativo ou num pessimismo temperado, significaria também ficar fora da angústia e da filosofia. Pois nem o otimismo, nem o pessimismo, nem qualquer outra coisa intermediária medíocre, criam teorias, podendo uma delas ser tida como preferível às outras para ser aplicada na vida. Muito mais do que isso, nem o otimismo, nem o pessimismo são verdadeiramente inteligíveis em si mesmos e só se pode compreendê-los, examinando-os dialeticamente na verdade de uma oposição que é ao mesmo tempo ligação. Otimismo e pessimismo devem passar um pelo outro; esse movimento não é especulação ideológica e nocional, muito menos hesitação intelectual; mas ele tem o duplo rigor do pensamento e da paixão. A relação dialética é, neste caso, a própria angústia, que se caracteriza por sempre sair de um otimismo para passar por um pessimismo. O Êxodo tal como é descrito nos Livros sagrados da tradição judaico-cristã é um bom símbolo da verdadeira Odisseia do espírito: instabilidade para o deserto enquanto a ordem anterior, por muito tempo hospitaleira e tranquilizadora, é devastada por sinais sinistros e ameaça voltar ao caos. E a saída para fora do otimismo das primeiras sabedorias é ao mesmo tempo uma brecha para a transcendência; o seu itinerário definirá na sua dialética concreta a única prova possível da existência de Deus.

No começo do homem sempre existe o otimismo, pois o primeiro momento é transformar a realidade em poesia e reconhecer nas coisas o Sistema, o Mito ou a Ideia que o espírito removeu do seu próprio fundo – sem que seja primeiramente capaz de reconhecer a origem desse Discurso que o universo faz e as razões pelas quais se move com tanta agilidade. Dessa forma, as presenças opacas e pesadas parecem transformadas em representações claras e lógicas; daí vem a ilusão de transparência e de leveza universais. O otimismo era, portanto, idealista – enquanto o pessimismo será realista, essencialmente desmistificador. No pessimismo, é preciso ver somente o otimismo compreendido, não exatamente o otimismo desmascarado, mas a descoberta de que o otimismo é máscara e máscara de beleza. Proveniente da fragmentação de uma sabedoria, denunciando o superficial das consolações estéticas e racionalistas, revelando que uma paixão insaciável cria a substância da vida humana, o pessimismo é profundo, mas de uma forma diferente do otimismo. A sua polêmica é invencível: em todos os golpes que dá, ele ganha. Mas essencialmente negativo, antítese produzida pela tese otimista, o pessimismo vencedor precisa do derrotado para fazer o seu trabalho noturno de ceticismo e de revolta, para romper, como dizíamos, as totalidades necessárias e belas. Além disso, o pessimismo só tem grandeza, conteúdo e estilo, quando é habitado e perseguido pela Ideia de uma realização, possível ou impossível, de todas as coisas de acordo com a razão e a justiça, enfim, pelo fantasma ou pela forma do otimismo abolido. Como o sol ausente cria o sublime do céu estrelado e a sua clareza obscura. E o otimismo só conserva alguma chance através dessa dialética pela prova suprema que o obriga a morrer na esperança ambígua e angustiada de uma ressurreição inimaginável.

Vamos tentar mostrar como essa dialética do otimismo ou pessimismo pode colocar o problema de Deus, aceitando o destino de uma experiência humana integral. Mas seria necessário ver, primeiramente, por que ao se colocar num isolamento teórico, o otimismo e o pessimismo ficam condenados à vaidade da abstração. Filosofia da bela aparência e aparência de filosofia, o otimismo é abundante no discurso e hábil na retórica; o pessimismo, ao contrário, não se estende, concentra-se, coloca-se totalmente num grito ou num punhado medíocre de máximas incisivas e sibilantes. De tal modo que o primeiro se perde na tagarelice, e o segundo acaba se deteriorando no estupor e no silêncio, a não ser que aceitem se unir dialeticamente um ao outro e fazer de seu combate a mesma paixão, destruidora, no início, e iluminadora, no fim.

Todo grande pensamento, assim que aborda o problema do mal, não pode deixar de experimentar algo dessa paixão e dessa divisão. As filosofias da sabedoria nunca vão tão longe a não ser quando, consciente ou inconscientemente, elas próprias se colocam em questão e encontram esse movimento através do qual um otimismo se desfaz em pessimismo, destruindo a sua forma, mantendo a sua exigência. Isso será mostrado por um exemplo cuja lembrança será útil no momento de chegar a conclusões e decisões.

Henri Bergson, convencido de que a filosofia é capaz de dar ao homem "a alegria", é o contrário de um romântico, e o seu pensamento, independentemente do que possam ter escrito alguns adeptos do absurdo, só teve repugnância pelo mistério e pelo patético. O bergsonismo renovou antes os grandes temas da sabedoria clássica, mudando menos o seu conteúdo do que o seu estilo, que com ele passou do racionalismo ao vitalismo. A *Evolução Criadora* mantém a estrutura de uma teodiceia – ou uma vez mais de uma cosmodiceia, mas que assumiria os resultados da biologia moderna. O impulso vital é, no bergsonismo, a necessidade dinâmica através da qual o mundo se totaliza. E como se vê em *As Duas Fontes da Moral e da Religião* a experiência moral e religiosa da humanidade dá sentido a toda a aventura anterior da vida e cumpre as promessas da evolução biológica; "o herói moral" celebra no cume de um universo em expansão a glória do impulso vital. Portanto, é fácil reconhecer no bergsonismo os traços de uma filosofia da bela totalidade. O segredo transparente do bergsonismo é uma intuição de serenidade, característica de um otimismo e uma sabedoria. Tudo o que ele reúne de força crítica tem como objetivo dissolver a angústia metafísica, acusada de ser geradora de falsos problemas, formidáveis e artificiais. Contudo, em *As Duas Fontes* aflora um tormento singular que poderia colocar em questão a sabedoria encontrada.

De fato, Bergson, ao platonizar inadvertidamente (mas o que há de mais revelador do que um belo lapso?), propõe um mito em formação. Ele imagina que uma humanidade, até então feliz e sem escrúpulos, aprende um dia que Deus ou antes o gênio astuto criador do universo impôs à existência dos homens essa condição horrível: em algum astro distante um inocente será torturado enquanto o gênero humano se perpetuar. Bergson abordava aqui e pela primeira vez na sua obra o problema do mal; a angústia, que ele havia julgado mistificadora, renasce; resta-lhe o recurso de cobri-la com um símbolo. Na suposição impossível evocada dessa maneira, o pensamento não tem outro recurso senão se jogar na paixão: a injustiça infligida a um só, por mais que seja útil, uma vez que permite a vida e a felicidade de todos, ela é, para retomar o nosso vocabulário, um mal não intermediado e, conclui Bergson, as consciências mais vivas prefeririam um suicídio cósmico a uma existência demoniacamente desvalorizada. Mas como provar que a tentativa de mito bergsoniano não é a alegoria da nossa condição? A injustiça sofrida, não por um só, mas pela maioria como caminho e meio do conforto de uma minoria, é uma longa história e, com frequência, confunde-se com a própria história. E resignar-se a viver num mundo onde o mal criaria um absoluto impossível de ser apagado, compensado, resgatado, não significaria ratificar uma iniquidade mais metafísica ainda que moral, e aceitar que Deus é ruim – pensamento que o espírito não pode enfrentar? Quando, por uma distração da sua genialidade otimista, Bergson inventou essa parábola negra, ele acabava de descobrir, no primeiro capítulo de *As Duas Fontes*, que a moral da "pressão" e a moral da "aspiração", uma social e a outra divina, significavam reconhecer uma das formas mais agudas do mal, a que faz do bem um valor com falhas. Dessa maneira, no fim do bergsonismo, as intuições inesperadas se voltam contra o sistema: falsa incoerência que tem a sua verdade na dialética natural do espírito, capaz inicialmente de sabedoria e depois de êxodo para fora dessa sabedoria.

E, ao mesmo tempo, surge a dúvida sobre Deus, definido e oculto ao mesmo tempo pela imaginação de um tirano metafísico. Assim desperta a angústia que só estava adormecida sob o regime da sabedoria. Nada aqui é acidental ou próprio somente do encaminhamento específico do filósofo Bergson. O episódio simbólico, a ferida de contradição ocorrida, sem que a tenha observado suficientemente, com um pensamento que se dirigia à sua conclusão, não são senão a viva ilustração de uma necessidade universal de caráter dialético, a que faz do pessimismo a verdade do otimismo e que introduz uma crise dramática na certeza do absoluto e do sentido. A mediação no mal encontra inevitavelmente esse momento em que a negação de Deus aparece como a possibilidade mais próxima: a inteligência do mal conduz ao ateísmo – a respeito do qual resta saber se é a tentação ou o destino da filosofia.

O movimento retrógrado das provas da existência de Deus e o significado do ateísmo

Intenção inconsciente ou calculada, as provas clássicas da existência de Deus supõem que o problema do mal foi resolvido e que o universo da sabedoria ou do otimismo foi reconhecido – esse nome menor da sabedoria. A convicção da irrealidade do mal é o primeiro motor das provas especulativas da existência de Deus.

Reconduzida à sua estrutura principal, uma prova clássica de Deus encontra a lógica de uma multiplicidade ordenada e hierarquizada em uma unidade dominadora e simples, ou ainda a causa de uma sucessão, finita ou indefinida, de fenômenos cambiantes e contingentes numa substância necessária, imutável, intemporal. A prova poderia tanto levar a um Absoluto "parmenidiano", totalizando o Ser e reduzindo os seres à condição de aparências, quanto a um Absoluto "heraclitiano", ligação interna da totalidade, Deus e o mundo não são senão o interior e o exterior de uma mesma organização, ao mesmo tempo ato e estado, natureza naturante e natureza naturada. Transcendência ou imanência (embora uma conclusão panteísta tenha a vantagem de referir-se a um Deus que ao se colocar coloca e explica, sem destruí-los, o múltiplo e o diverso) cada uma das duas hipóteses nos propõe um universo no qual o ser do mal é *a priori* impensável. Então, o rigor demonstrativo das provas de Deus, resiste à crítica, pois a afirmação: "o mal não existe, portanto Deus existe" não poderia ser contestada nem lógica nem metafisicamente. O triste é que o raciocínio só é, em hipótese, necessário: Deus foi objetivamente demonstrado graças a uma pulverização preliminar de todo o mal real e possível.

Tentemos obter esse pressuposto implícito e eficaz de uma prova de Deus: dado que exclui toda consideração de valor ou mais precisamente porque reduz a exigência de sentido à efetividade de uma razão totalmente abrangente, a redução do universo à abstração de uma multiplicidade ou de uma contingência elimina o problema do mal por subtração clandestina do objeto. Artifício sábio e secretamente estudado para proteger a força da prova. Se o mal aparece na pluralidade e o fenômeno sob a forma, por exemplo, de uma liberdade que separaria e se isolaria em si mesma, a multiplicidade deixa de ser redutível à unificação, o contingente ao necessário, dado que um ser ficou fora do Ser, e que há outro absoluto diferente do Absoluto divino. As premissas do raciocínio se afastam ao mesmo tempo que cai por terra o chamado, julgado como implicitamente invencível, da multiplicidade à unidade e da continuação contingente ao único necessário. O mal como descontinuidade irreparável fará fracassar a prova ou, mais precisamente, não há prova cosmológica de Deus a partir de um mundo cindido.

Há quem diga que a ordem natural das questões foi arbitrariamente invertida e que virá o momento em que uma teodiceia de estilo clássico e leibniziano saberá cerzir e com uma costura invisível esse mundo roto. Mas esse cerzido metafísico é a pior das convenções e o único que fez foi esclarecer, posteriormente, o pressuposto da prova. O anterior se tornou ficticiamente posterior. A prova já sabia que uma liberdade ruim não significava nada e não mudava nada, que sua desobediência ou sua imobilidade não passavam de vazio e que, além disso, ao se revoltar, a rebelde cairia fatalmente em uma armadilha muito engenhosa que seria útil para a glória do universo. Negado ou unido, o mal é afastado e era necessário para a confirmação da prova.

O propósito de provar Deus implica de antemão que toda ruptura no universo é aparente, provisória e relativa. Significa *a priori* acertar suas contas com o problema do mal, ilusão suscitada por insuficiência de gosto estético ou por falha do entendimento sintético: o infortúnio pode surgir, destina-se a ser a complicação contornada indispensável para o fausto da arquitetura ou a dissonância que torna a música mais sutil; o espírito mau pode se manifestar, ele não será senão o servo de Deus.

E de um Deus que é o Deus da sabedoria. O movimento de pensamento que prova Deus é aquele, como foi reconhecido, que pretendia unificar o universo das aparências ou dos fenômenos em uma totalidade necessária e bela. Daí decorre a seguinte consequência: a filosofia, que demonstra Deus a partir da coerência e da consistência do mundo, dá as costas para o progresso da dialética, ela reflui aos momentos iniciais do espírito e esse primeiro momento de poesia feliz em que o universo e o homem, as existências e as essências criam uma harmonia totalmente inteligível. O espírito que anima as provas de Deus é feito de uma nostalgia da sabedoria, e a sua lógica se reduz a uma interrupção de dialética com repercussão estética. Já encontramos essa verdade total capaz de dissolver ou de transformar por uma graça, que é luz de beleza, as realidades amargas e desagradáveis: esse é o Deus que *a priori* faz do mal algo irreal. Há, portanto, um movimento retrógrado das provas da existência de Deus. O progresso só poderá ser retomado, a tentação da reminiscência conjurada, a sabedoria anterior ultrapassada, se o Deus do discurso racionalista e estético for radicalmente colocado em questão. De onde vem a necessidade dialética do ateísmo.

Um Deus demonstrável pelo preconceito furtivo e ilícito da supressão do mal ou de sua transfiguração ideal, essa tese necessária primeiramente requer com uma necessidade semelhante a sua antítese, ou seja, a negação ateia. O ateísmo é, portanto, definível com bastante rigor como um movimento do espírito que, ao se emancipar das poesias primitivas, conclui a partir da positividade do mal o nada de Deus, ou melhor, a sua ausência absoluta. Ser ateu é suportar na sinceridade da angústia o peso incompreensível que adquire um mundo desprovido de um sentido total, e dar à existência humana, toda crença defunta, um estilo ao mesmo tempo de lucidez na aceitação e de decisão na revolta.

O ateísmo que se limita a recusar como suspeita de antropomorfismo a representação de um demiurgo fabricante de mundos e que expulsa por muito pouco uma transcendência de imaginação é um exercício crítico de importância menor e não merece o nome de ateísmo, especialmente se, depois dessas introduções, ele faz da realidade imanente no espaço e no tempo a realização de uma ordem, a exibição de um vasto pensamento objetivo – satisfeito somente por não alegar um Pensador ou um Organizador diferente da grande obra. Acredita-se que Deus foi suprimido e mantém-se a armadura racional das provas da existência Dele. Conhecemos, com o idealismo universitário e o marxismo, essas teologias sem Deus que são o oposto do verdadeiro ateísmo. O Poeta e o mundo invisível convencidos desse nada é este mundo com a sua poesia divina e impessoal. Esse falso ateísmo é, na verdade, um panteísmo que participa do movimento retrógrado em direção à sabedoria, é considerado também como teodiceia, suprime de forma preventiva o injustificável e neutraliza para dogmatizar livremente a objeção do mal.

A confusão que existe em geral entre o panteísmo e o ateísmo é feita para embaralhar os dois problemas gêmeos de Deus e do mal. Convém, portanto, ter razão: o panteísmo sempre tende do lado da sabedoria, o ateísmo leva ao extremo a fragmentação da sabedoria; o panteísmo é cosmológico e teológico; o propósito do ateísmo é romper as ideias de unidade e totalidade que são as categorias essenciais de um sistema de justificação universal. Momento privilegiado do racionalismo e do otimismo, o panteísmo garante, com a mesma perfeição técnica, a passagem do espírito ao Absoluto e a dissolução do mal;

existe uma escola de consentimento da natureza e da história; ele recorre sistematicamente a parcialidades, a incoerências e das trevas da consciência à plenitude consistente e luminosa da razão, sacrifica o singular ao universal e o homem ao Grande Ser que realiza por meio dele a unidade do Todo. O ateísmo, ao contrário, dá à livre consciência individual, profanadora do sagrado cósmico e social, um valor decisivo e insubstituível, torna a razão cruel e inutilmente ideal e sofre na paixão do absurdo do real; recusa, diante do absurdo do mal, as esperanças mistificadoras; ele é a ponta metafísica e singularmente aguda do pessimismo e do irracionalismo.

Entre o panteísmo e o ateísmo, a relação é, portanto, de repulsa e de oposição, mas essa contrariedade cria uma ligação dialética: o ateísmo não é para o panteísmo o que o pessimismo é para o otimismo, numa proporção que criaria um equilíbrio retórico, mas o ateísmo sai do panteísmo como o pessimismo do otimismo, determinando através de um movimento de negação e êxodo as etapas fundamentais do progresso filosófico.

Vejamos dois exemplos históricos que poderiam ser tidos como verificações de um mesmo movimento dialético: a maneira como o ateísmo epicuriano, filosofia da descontinuidade, do vazio e da contingência, contradiz e ultrapassa o panteísmo estoico, metafísica da continuidade, do pleno, da necessidade, ou ainda, e é o mesmo progresso dialético, a maneira como o existencialismo ateu, filosofia da ruptura, do absurdo, da insularidade das consciências, contradiz e ultrapassa o panteísmo sociológico do marxismo, metafísica da comunidade humana, da racionalidade e da totalidade históricas. A partir daí, entre outras consequências, apreende-se que o marxismo é um falso ateísmo e que não se poderia pedir a ele que tivesse um papel purificador na problemática de Deus e do mal, pois ele participa do movimento retrógrado em direção à sabedoria: nem mesmo foi renovada, a sua humanidade divinizada se torna o velho mito no qual se desfaz, sem que seja colocado, o problema do mal. Retorno às origens do pensamento, o marxismo é, portanto, pelo menos filosoficamente, o contrário de um progressismo.

O ateísmo só purificará o espírito humano se ele próprio for puro, ou seja, fiel à integridade da sua essência. O sinal dessa pureza está na junção da ironia do espírito e do sentimento trágico da existência, duas virtudes propriamente filosóficas, ignoradas pelas sabedorias e pelos panteísmos. O ateísmo, metafísica rebelde à metafísica, opera contra as sínteses, sempre ideais, fictícias, mistificadoras, e revela as rupturas que fazem do nosso universo uma diáspora irreparável de mundos separados. Matéria, vida, espírito não poderiam criar uma totalidade una nem uma hierarquia bela e justa, visto que a matéria é, com uma monotonia incansável, resistente à vida e ao espírito pela morte dos indivíduos e das culturas, visto que as necessidades biológicas não param de contradizer e humilhar as belas e vãs emergências do gênio humano. E, segundo as coerências positivas, a energia vital e a clareza do pensamento só terão sido um breve episódio que contraria por pouco tempo os pesos e as opacidades da matéria. Em nosso universo, o superior depende de um inferior, que o restringe, limita-o e, no fim, é o mais forte. O que mais merece ser é justamente o que existe com mais precariedade. Trata-se de um mundo às avessas, no qual valor e ser encontram-se em razão inversa um do outro. Propondo desde o início a contradição irreconciliável de um ser desprovido de valor e de espírito e de um valor desprovido de ser, o representante mais ilustre do existencialismo contemporâneo revelava a essência do ateísmo numa fórmula tanto elegante quanto rigorosa.

A guerra à síntese, o ateísmo a faz em todas as frontes. Todas as partes em que a unidade parece se mostrar, ele a obriga a confessar que não passa de ilusão lírica, entre o homem e a natureza no cosmos, entre os sexos no amor, entre as pessoas na comunidade social, entre as classes e as culturas na história total. O ateísmo é uma constante do espírito humano e que se encontra também em *De Natura Rerum*, *La Maison du Berger* e *O Ser e o Nada*, em que Lucrécio, Vigny e Sartre são tão decisivos contra os panteísmos estoico, romântico e pós-kantiano.

O balanço da negação ateia é, portanto, triplamente positivo.

Por um lado, o ateísmo restaura a sensibilidade ao mal adormecida nas mitologias e nos panteísmos, ele desperta a angústia e descobre ao mesmo tempo a essência do mal que é a ruptura entre o ser e o valor.

Por outro lado, o ateísmo, técnica de refutação do panteísmo, torna impossível a volta a esse Deus imanente que pôde se chamar, durante a história das sabedorias, a alma do mundo, intelecto agente, natureza naturante, sujeito transcendental, espírito da história, axioma eterno, razão constituinte, todos os ídolos de imaginação ou entendimento através dos quais o homem mascara a figura desmembrada do real. Pelo ateísmo, o êxodo do pensamento fora das sabedorias se torna irreversível. Quando Prometeu – que Marx, numa época em que ainda não era marxista, via como o modelo do ateísmo – através do roubo do fogo profanou a ordem sagrada do mundo, os deuses não passavam de um rebanho de atores aposentados, e o mais inativo de todos era Júpiter, grande rei do céu visível e gênio das cidades carnais.

Enfim, e em terceiro lugar, o ateísmo busca a sua virulência na força crítica da ideia de Deus. É através de uma espécie de argumento ontológico invertido que a ideia de Deus prova o nada de Deus, ou melhor, a sua ausência. De fato, é preciso que Deus seja colocado em ideia como a identidade do ser e do valor, para que o universo, máquina que dissocia o ser e o valor, torne-se uma vasta prova da inexistência de Deus. Significa fazer do nosso mundo um Deus defeituoso e abortado: como saber sobre esse infortúnio se a ideia de Deus não está sempre presente num pensamento revoltado, mas por excesso de lucidez, irônico, mas por excesso de patético?

Além do ateísmo: o argumento ontológico e a aposta

As refutações do ateísmo são quase sempre retrógradas, porque recusando-se a assumir a negação ateia, elas interrompem o progresso do espírito. A menos fraca delas afirma que o ateísmo é, no fundo, humanamente impossível de ser pensado e praticado até o fim, e que é preciso que o ateu encontre algum substituto do Deus que ele nega para poder continuar a viver. É verdade, mas é uma verdade ingênua por ignorância de sua própria profundidade. O ateísmo requer efetivamente excesso de rigor heroico para ser algo diferente de um pensamento limite, que se sustenta, de fato, pela sobrevivência mais ou menos confessada de uma etapa ultrapassada. É semelhante no que se refere à angústia do mal, insuportável, e que é com frequência compensada psicologicamente com a ajuda de alguma teodiceia. Compromissos humanos, demasiadamente humanos. Só se pode conhecer a totalidade do ateísmo e a última evolução da angústia do mal através de alguns poucos profetas e místicos, pois eles não confundem o além com este mundo.

A única questão que se coloca agora é saber se há ou não um além do ateísmo e da angústia que constituiria o terceiro momento das dialéticas do espírito. O perigo desse esquema feito de três partes, que se tornou escolástico nas escolas hegelianas, seria fazer da síntese uma restauração bem elaborada da tese, que foi provisoriamente desativada, reparada e melhorada, durante o episódio crítico da antítese, da qual o diretor só teria extraído um efeito de "suspense" medíocre. Dramatização de comédia que tira da negação a sua verdade humana, o seu poder de agressividade e de destruição. Na verdade, do primeiro momento que foi o do conhecimento do sentido, só resta uma exigência irrepresentável, que passou inteiramente para o segundo momento, visto que a forma da sabedoria devorou o seu próprio conteúdo e, do segundo momento, ao contrário, tudo deve permanecer. A negação não é suscitada para ser abolida, mas deve se manter viva e rígida dentro da afirmação derradeira, como a alegria autêntica do espírito conserva completamente em si a substância da angústia.

Portanto, não se pode falar verdadeiramente de uma solução para o problema de Deus e para o problema do mal, que não constituam senão uma única e mesma interrogação filosófica: não há outra solução senão o próprio problema vivido na paixão e pensamento com exatidão, duas expressões para um mesmo rigor. Desde o início, a angústia, sendo pura e dura, sabia tudo o que é humanamente possível saber. A conclusão pode usar uma linguagem apropriada: o verdadeiro otimismo é um pessimismo admitido e ultrapassado, como a autêntica crença em Deus é um ateísmo assumido e negado. Mas essa fórmula aceitável, válida numa primeira aproximação, exige uma correção e precisão, pois a imagem da superação é demasiadamente material e imaginativa para não ser enganosa. O terceiro termo não é a síntese apaziguadora e representável da tese e da antítese, e em certo sentido a tensão do pessimismo e do otimismo, do ateísmo e das sabedorias, é insuperável ou mais exatamente a tensão não pode ser abolida como tensão e ela constitui a única solução possível. Nesse campo, as certezas liberadoras são dialéticas e aparecem como negações de uma negação. Mas essa segunda negação não sai da primeira negação através de um processo lógico, de acordo com uma necessidade objetiva e determinante. Sem uma decisão firme à qual ninguém deve se submeter pela figura do mundo ou pelas estruturas da inteligência, não seria possível ir adiante. Não que se dê crédito aqui a uma vontade cega de acreditar que seria o suicídio do espírito.

A segunda negação é um ato de fé na razão, ela representa a última chance da sabedoria e provém de uma aposta, mas também de um argumento ontológico; ela deve ser descrita em termos de liberdade, levando em consideração a última exigência do pensamento.

De fato, a segunda negação é primeiramente aposta, no sentido pascaliano da palavra, que implica risco e responsabilidade pessoal. O mal é provocação ao ateísmo; é como se no mal tudo se desfizesse, pela abolição das hierarquias justas, pelo divórcio do ser e do valor; o mal só é demasiadamente angustiante porque contradiz Deus e a primeira negação é a percepção clara dessa contradição. Apostar em um Deus, que, assim que penetramos no conhecimento do mal, não pode ser senão o Deus escondido no abismo da transcendência, é contradizer essa contradição por um ato de liberdade soberana enquanto se furtam os apoios propriamente mundanos e objetivos. A primeira negação leva ao extremo da aposta radicalizando o problema, colocado agora em termos de tudo ou nada, ou o nada de Deus ou Deus no mistério, tornando inevitável a opção no estreitamento angustiado da última alternativa. Esta é, no espírito e na verdade, a aposta de Pascal: escolher a promessa mais elevada mesmo que peça o sacrifício absoluto do sensível e do conceitual; decidir pelo sentido em um mundo tragicamente neutro entre o sentido e o não sentido.

Lachelier enganava-se quando pedia que, uma vez colocado o problema de Deus, o argumento ontológico desse lugar à aposta. Na verdade, a aposta da segunda negação é razoável; segundo a profunda lógica pascaliana, ela confessa o incompreensível para evitar o absurdo; melhor ainda, praticando um caminho de pura liberdade que vai da Ideia de sentido ao sentido real, ela desperta o espírito e a vida do argumento ontológico, a única prova de Deus que não volta a descer para as sabedorias, as cosmologias e as teodiceias.

O argumento ontológico é, em geral, deformado por interpretações intelectualistas e silogísticas que o separam de uma experiência humana integral sob a camuflagem de um falso rigor matemático. Ousar dizer que Deus não pode existir porque é o ser perfeito não significa deduzir *a priori* Deus no sacrilégio e no absurdo, significa reunir numa intuição, que nos escapa e permanece no estado de exigência, o Absoluto de perfeição e a infinidade da existência, significa reconhecer que deve haver proporcionalidade entre o valor e o ser, de tal forma que levado ao absoluto o valor não poderia ser ideal. A negação ateia e o argumento ontológico supõem a mesma ideia de Deus, como identidade do valor e do ser, sendo o valor a razão necessária e suficiente do ser. Ideia de Deus que tem esse privilégio não somente de resistir à crítica, mas de reunir o fogo e a luz de toda a crítica. Ideia de Deus que, por ser absolutamente anterior, é geradora de todo o pensamento filosófico. Ideia de Deus que não vem do mundo e da história porque julga, como soberana, o mundo e a história, e dissolve as totalidades tranquilizadoras, proclamando "a morte do grande personagem". Ideia de Deus que o espírito não poderia fazer e desfazer a seu bel-prazer, visto que constitui essa norma das normas sem a qual não exerceria a sua função de espírito. Consequentemente, a necessidade em que a aposta e o argumento ontológico obrigam o homem a pensar e a viver, quando vai ao extremo do homem, é uma mesma necessidade de opção, de decisão, de conclusão: a ideia de Deus, ou seja, a ideia de ser que não pode não ser porque vale absolutamente, não é senão uma verdade sem realidade? Apostar que da verdade à realidade a consequência é boa para o espírito é simplesmente acreditar na sua própria exigência.

Acreditar é aqui o termo adequado e não implica nenhuma revelação religiosa a não ser a religião natural do espírito. A existência de Deus não é vista nem compreendida, somente é exigida, não por uma imposição da vontade na noite da inteligência, mas com liberdade e lucidez para que a razão tenha razão. Essa exigência só pode se mostrar, de verdade, no término de uma mediação no mal. A humanidade sempre encontrou na experiência da infelicidade e da iniquidade razões cada vez mais fortes para negar e afirmar Deus, o negativo e o positivo aprofundam-se um pelo outro: não há outro absoluto para o homem que não seja a absolvição do mal, vã ou eficaz. Se a angústia do absurdo sempre possível é paixão para o espírito é porque contradiz o argumento ontológico a respeito do qual mostramos de maneira implícita e depois explícita, neste ensaio, que coincidia com a exigência fundamental da razão, aquela que precisamente se perde contemplando a sua imagem na totalidade necessária e bela, recupera-se, em seguida, na ruptura da negação ateia e só precisa no fim de si mesma para colocar um ato de fé livre.

Se a negação ateia não foi levada ao extremo, se não é a cada instante próxima, essa fé não tem virtude. Esse foi o movimento cartesiano, nesse monumento exemplar de filosofia que são Meditações, em que o pensamento vai da dúvida e do gênio maligno ao argumento ontológico. O gênio maligno, esse Deus que seria enganador, essa força infinita privada de valor e que zombaria do mais elevado do homem, é um mundo sem Deus levado ao absoluto. E o Deus fabricador de uma injustiça irremediável e desmedida que aparece breve e significativamente em *As Duas Fontes*, o gênio maligno bergsoniano conta a mesma parábola de um mundo do começo ao fim cruelmente mentiroso, inevitável, se o verdadeiro Deus não é senão ideal. Cartesiano ou bergsoniano, o gênio maligno, razão justificativa do pessimismo, é a negação de Deus que se tornou mundo, o absurdo que ocorre com o ser, a paixão da angústia levada ao máximo da exasperação, uma vez que a realidade universal se torna a cruz do espírito. Descartes e Bergson têm razão: o caminho para Deus só pode se abrir através do confronto e da negação do gênio maligno nesse deserto ou nessa via estreita na qual a angústia do mal conduziu o espírito.

O essencial foi dito, certamente de forma elementar. Há todo o resto a fazer. A aposta e o argumento ontológico se dissolveriam em pensamentos de retórica, a angústia seria negada e chegaria à atitude estética se a ação não experimentasse e sustentasse a difícil certeza do espírito. A via dialética que descrevemos é o oposto de uma distração e uma evasão. Ela implica e torna necessárias e urgentes uma ética e uma política de resistência ao mal que, juntas, são o equivalente de uma religião natural. Se o nosso propósito estiver correto, a única contemplação de um mundo em que o mal é escândalo cairia no esquecimento ou no desespero. A Ideia da sabedoria – Ideia no sentido platônico ou kantiano da palavra – é o fundamento do dever e da prática. Ideia que o mundo real ora simboliza, ora contradiz; Ideia que não é objeto, mas fonte da inteligência; Ideia que parece se situar atrás de nós sem que possamos nos voltar para observá-la; Ideia que contém, em si, uma força infinita de realização; Ideia que, misteriosamente, transforma em alma o que temos de espírito; Ideia que é um espinho duro, alimenta de angústia a nossa consciência, na qual buscamos a força necessária para pensar e a coragem para viver. A identidade do pensamento e da paixão, com frequência, mostrou-se como uma verdade humana essencial: agora um pouco mais ao afirmar a identidade do pensamento, da paixão e do dever. Tentaremos mostrar para concluir que a paixão é aqui o nó e a ligação, o critério de autenticidade para a ação e de valor para o homem.

5

A SALVAÇÃO PELA PAIXÃO

A imoralidade sem paixão

Toda conduta humana comporta uma filosofia, secreta ou declarada, do mal e de Deus, que lhe dá consistência e formato. O dever, ou seja, a obrigação de realizar o valor, traduz, em lógica de ação, a estrutura e o movimento do argumento ontológico, o que é suficiente para provar que o fundamento da ética se encontra na ideia de Deus e a sua presença na consciência. A imoralidade expressará, então, uma interrupção ou uma perversão da dialética que, através da experiência do mal, recusa e busca Deus.

O dever, inseparável de uma atitude polêmica contra o mal, ou seja, de debate e de combate com o mundo e os homens, encontra a sua verdade filosófica e concreta na paixão. Nada trai mais o coração humano do que a redução da vida moral a uma luta da razão contra as paixões para a possessão de uma sabedoria pacífica. Retirada a paixão, o homem não seria senão uma caricatura, uma sombra na parede. A imoralidade quando vai ao seu próprio extremo segue a mesma degradação: é próprio do vício ser desprovido de paixão, como um ritual e uma mecânica. O Inferno é o deserto da paixão e teríamos que dizer de gelo, não de fogo. O homem entra na imoralidade quando organiza a fuga diante da paixão, como afirmam ao serem corretamente interrogadas as três figuras essenciais do mal humano: o diletantismo, a avareza, o fanatismo. Descrevê-las caberia a uma fenomenologia moral; nós nos limitaremos a analisá-las brevemente como tantas filosofias em ação.

O diletantismo é um dom-juanismo do coração, dos sentidos e do espírito. Encontro elegante de todos os humanismos e de todas as culturas, produto precioso das civilizações decadentes por excesso de riquezas, o diletantismo é monstruosamente inteligente, ele se destaca, mostrando a relatividade e a mistura indefinidas do bem e do mal nas intenções e nas ações humanas, ele evita a parcialidade e o comprometimento como uma falta de gosto grosseira, ele se vale das aparências sucessivas e contraditórias da natureza e da história. O diletante pratica uma técnica de desaparecimento do mal que faz do mundo uma bela mentira. Como recusa a paixão, o acesso à existência lhe é proibido. Como tem medo de levar o mal a sério na angústia, toda realidade e a sua própria tornam-se puros possíveis sem substância. O diletante não vive, ele dá a impressão de viver.

A avareza, apesar de ser um lugar-comum tenaz, não é uma paixão. Não querer depender, fechar-se num sistema de segurança, buscar uma experiência de perfeita suficiência de si, é a própria avareza e o contrário da paixão que é a prova contínua de uma vulnerabilidade ao outro. O verdadeiro avarento é Gobseck, e não Harpagão, esse aprendiz tímido, inconsequente e cômico. O avarento integral acumula dinheiro para não dever nada a ninguém e para ter em suas mãos a infalível solução de todos os problemas, para retirar-se constantemente e dominar sem a ostentação pueril do poder visível, enfim, para manter sempre com eficácia o mal a distância. O dinheiro não passa de um meio para essa realização, mais intensamente simbólico, entre muitos outros. O farisaísmo, esse respeito literal da lei, que requer austeridade e virtude reais, é uma técnica segura de preservação do pecado, consequentemente, uma forma de avareza e uma mesma carência de paixão. O avarento é sempre essa pessoa prudente, virtuosa, que tem a moral do seu lado e que soube se separar do mal. Incapaz de reconhecimento, perde-se em uma ingratidão de dimensões metafísicas, pois não ter querido se envolver na paixão que dissolve as seguranças e diante do risco se abre para a esperança.

O diletante e o avarento eram seres de solidão, homens psicológicos. O fanático é um ser comunitário, um homem por natureza sociológico. O diletantismo era uma estética universal, a avareza um absoluto de moral, o fanatismo é uma religião política que pretende resolver na história o problema do mal por meio de técnicas de esmagamento e extirpação radical. Ele professa uma doutrina de salvação pela nação, pela classe ou pelo partido. O fanático é tanto o escravo terrorista quanto o mestre despótico; é o mesmo espírito de tirania, o mesmo maniqueísmo que não tolera o compartilhamento dos valores, o diálogo das experiências e que precisa, para se tranquilizar em relação ao bem e o verdadeiro, de uma unificação das consciências, imperial, carnal, violenta. Acostumado com processos de heresia, o fanático busca ao mesmo tempo a desonra, a refutação e a morte do adversário. A sua crueldade é o fruto de um ódio sem paixão que se exerce de maneira legal, mecânica, ritual. O fanático reduz as suas vítimas a uma condição anônima, substitui a sua face concreta pela definição abstrata do herege e do traidor. Ele resolve o problema do mal pela destruição dos maus, da mesma maneira que se acaba com uma invasão de micróbios e com uma revoada de gafanhotos. Mas despersonalizando o espírito, perpetuando a guerra pela mitologia da última das guerras antes da vitória total, parece, às vezes, confundir-se com o espírito do mal.

Diletantismo, avareza e fanatismo não param de se adicionar à mentira, à ingratidão, ao ódio. São o mal porque recusaram desde o início essa participação do mal na angústia que é a única via para a liberação. Cada um deles é um sistema coerente e cheio de liquidação do mal, uma solução integral do problema – e vividos, levam a uma exasperação do mal. Falta aos moralismos e aos imoralismos saber que a paixão é a substância da vida; ou melhor, têm demasiada consciência disso, de tão sábias e hábeis que são as precauções que tomam para não se queimarem com essa chama.

A paixão será, então, para a consciência moral critério de autenticidade. A alma do dever é esse profetismo que, desde os tempos antigos de Israel, manifesta-se pela denúncia das tiranias e das servidões, pelo protesto contra a iniquidade da morte, a guerra aos ídolos, ou seja, à divisão de Deus em valores inimigos. O diletantismo esquecia, ridicularizando o espírito por seu aspecto sério, que a cólera e a indignação são os primeiros sentimentos morais. A consciência moral só será fiel à sua própria essência se não renegar as suas próprias origens. Nesse primeiro sentido e numa espécie de enraizamento, o dever já é paixão, ou diletantismo derrotado.

Além disso, a filosofia do dever é um "deves, portanto, podes", fórmula de exigência e esperança na qual Kant viu, admiravelmente, o cerne da ética e da metafísica, sem ver aí, entretanto, a verdade na dimensão humana do argumento ontológico. Considerado sem a fé da segunda negação, a fórmula "deves, portanto, podes" reúne o irônico ao trágico, pois o homem não pode somente por suas forças tirar o mal que existe nele e no mundo: aqueles que têm melhor inspiração devem sempre compor, tentar através de um artifício humilhante e perigoso dividir o mal com ele mesmo, esperando, enfim, ser derrotado, num último combate, se a morte for a última palavra da aventura humana. O dever requer incontestavelmente o impossível, pois o fim do mal seria uma transfiguração da natureza e da história que criaria o reino de Deus. Vem, então, a tentação de substituir a fórmula "deves, portanto, podes" por "podes, portanto, deves" das morais avarentas que definem o dever pela medida do poder humano, que recomendam a salvação pela lei e pelas obras e pregam uma espiritualidade de controle e satisfação de si. Deveres literais, naufrágio do dever. O verdadeiro dever se encontra na disjunção do poder e do querer dentro do espírito tenso em uma vontade do impossível, paixão que queima a seca da avareza e que pela exigência se abre à esperança.

Em terceiro lugar, negação ativa do mal, o dever, segundo a lei de todo combate, deseja ardorosamente vencer o adversário. Aqui, o fanatismo está à espreita, pois o dever é animado por uma dura intolerância contra os arrependimentos de compensação e as reparações simbólicas que cobrem o mal sem retirá-lo; ele chegaria, se encurvasse e interrompesse o seu impulso, ao ódio do ódio e à cruzada contra os maus. Isso significaria ainda enganar e matar a paixão. O dever, se participa da angústia do mal, deseja com um desejo também veemente abolir o mal e restaurar na integridade do espírito os autores e as vítimas do mal. Contanto que nada se perca, o mal será de fato derrotado. O dever é uma vontade de salvação que é tão indeterminada no seu objeto quanto rigorosa na sua intenção, ou se quisermos, na sua intencionalidade. Em outras palavras, a consciência moral que pretende se manter no plano da sua própria essência se conhece quando sabe que é consciência religiosa. O dever só abole o fanatismo ao ter uma última experiência de si como paixão e paixão de salvar. Nesse sentido, Kant tem razão: Cristo é o dever feito homem.

A PAIXÃO DO FILHO DO HOMEM: PROMETEU E CRISTO

Uma reflexão sobre o problema do mal, conduzida de forma elementar, permitiu chegar à conclusão da falência das filosofias fechadas que eram solução e sistema. As sabedorias vividas e praticadas são belas, mas como o diletantismo, racionais e austeras, mas como a avareza, decididas e heroicas, mas de maneira fanática. A angústia do mal, a crítica das soluções apaziguadoras e dos sistemas, que tranquilizam a consciência moral, constituem uma única paixão que é o próprio homem. Uma metafísica e uma política, que proibiriam a paixão ao homem, seriam para ele as piores mistificações e alienações, dado que lhe roubariam a sua humanidade. A paixão é, portanto, propriamente a via estreita da liberação. A dialética descrita neste ensaio interrompe e inverte o movimento natural da filosofia e do homem. É o contrário da filosofia, ou seja, a ruptura da sabedoria que é a verdadeira filosofia, e o homem, se contradiz pela paixão sua tendência natural à felicidade, chega ao homem na amargura do espírito.

O pensamento que se volta para a sabedoria está sempre atrasado ou adiantado em relação à ação. A tensão, ou seja, uma paixão intransponível, será a ligação do pensamento e da ação. A generosidade, virtude e verdade da ação, supõe uma polêmica constante, brutal, obstinada contra o mal, tanto é que só há nobreza através da guerra. Consequentemente, a edificação de uma alma e de uma vida privada harmoniosas não pode satisfazer a paixão do dever. A política entra na moral, como forma necessária da luta contra os males naturais e históricos, e ela é sempre resistência às tiranias e à ação de liberação. Pelo que tem de espírito, a política verifica as dialéticas do espírito. Aí também o pensamento não pode não inventar primeiramente sistemas de abolição total do mal que vão à falência e cuja liquidação é o risco que provoca as crises de niilismo, mas também mantém, fortifica e edifica a esperança, pois ela corresponde ao momento negativo do espírito, como constataram todos os seus críticos, metafísicos e positivistas, a ideia democrática, solução sem solução, e a exigência mantida permite a única intenção justa. Só ela é capaz de conservar a sua tensão nos conflitos entre as comunidades e entre os valores, impedindo que caiam no politeísmo e na violência. Uma superação ilusória da democracia em direção ao nacionalismo ou ao socialismo participa na verdade do movimento retrógrado do espírito e compromete as dialéticas de liberação.

A política é prometeica. Como o herói antigo tão profético dos tempos modernos, ela liberta o homem da proteção abusiva dos deuses, ensina-o a construir cidades livres e a tornar-se mestre e senhor da natureza através de uma ciência e de uma técnica que por sua vez são dominadas. A vontade de mudar politicamente a condição dos homens e uma das paixões de Prometeu. Sentir no seu coração a mordida de uma inquietação incapaz de ser apaziguada é sua outra paixão que cria a mesma paixão. Pois as duas imagens de Prometeu, a triunfante e a sofredora, diferenciadas pela ilusória temporalidade do mito, fazem um único Prometeu, o Prometeu militante. Esse é o destino humano e o sentido progressista da história: liberar o homem não para torná-lo feliz – os deuses e as mitologias se encarregavam disso – mas para que o estupor da miséria e da servidão não o impeçam de conhecer a ansiedade do espírito. O dever indivisivelmente político e moral exige a ampliação da vontade de poder no âmbito externo e aprofundar a angústia no âmbito interno, numa espécie de crucificação natural. Resta saber se essa paixão tem um sentido.

O cristianismo cresce no sentido da paixão, confirmando e conduzindo ao sublime as dialéticas do espírito. A fé cristã reconhece Deus não em César todo-poderoso, construtor de uma ordem justa, não em Júpiter destruindo a impiedade, mas em um profeta supliciado que sofre paixão e morte por ter vivido em uma pureza única, a paixão de salvar. O cristianismo também anuncia primeiramente a morte de Deus; é a sua maneira de despedaçar as sabedorias; o mal da infelicidade e da iniquidade não pode mais erguer a sua onda. Na noite da Paixão, a noite e a desordem invadem o mundo e, segundo Dante, as próprias arquiteturas infernais, esses pilares da justiça absoluta, estão abaladas. Contudo, a partir desse absurdo derradeiro, incitação ao desespero e ao ateísmo, o cristianismo cria o sentido supremo. A paixão se chama redenção. O Deus inocente do mal que Platão buscava nas sombras de uma mitologia reerguida pelo espírito é o Deus salvador que pegou o mal para si.

O cristianismo é, além da filosofia, uma religião filosófica em que o homem inteiro se reencontra. Divididos entre a ideia do Deus vivo, que é constitutiva do pensamento, e a agonia de Deus, que se deixa decodificar nessa mistura de sentido e de absurdo que chamamos de experiência, encontram-se essa paixão e esse dever de que falamos, como sendo o próprio homem. Quando a filosofia tenta resolver o problema do mal, aceitando o risco do fracasso absoluto, ela não encontra solução, mas encontra o homem, o homem nu além do mito, o homem só abaixo de Deus, o homem naturalmente prometeico e cristão que não está proibido de encontrar na esperança o sentido da sua existência, ou seja, da sua paixão.

NOTA BIBLIOGRÁFICA

Está fora de questão reunir uma bibliografia, mesmo sumária, sobre o problema do mal – sobretudo porque não existe algo que advenha do espírito que, de perto ou longe, direta ou indiretamente, não esteja ligado ao tema. A literatura do problema é toda a literatura.

Neste ensaio, a intenção foi apresentar uma "iniciação" que propõe uma reflexão pessoal que se confronta, assumindo as consequências, com as dificuldades e até mesmo as antinomias que a mais perigosa das interrogações suscita. Uma iniciação pode ser também um convite à iniciativa pelo exemplo. A inspiração dessas poucas páginas era facilmente reconhecível: o Descartes das *Meditações*, o Pascal dos *Pensamentos*, o Lagneau de *Cours sur l'Existence de Dieu*. Nossas conclusões querem mostrar uma livre fidelidade ao que há de convergência em três esforços filosóficos maiores.

No capítulo das sabedorias colocamos em questão particularmente os temas de Plotino (*De la Providence*, 2º e 3º tratados da *Troisième Ennéade*, éd. Budé), de Leibniz (*Teodiceia*, da qual, infelizmente, não há edição escolar completa) e de Hegel (Introdução de *Leçons sur la Philosophie de l'Histoire*, trad. Gibelin, Vrin). Também utilizamos o Bergson do primeiro capítulo de *Deux Sources de la Morale et de la Religion* (P.U.F.).

Outras iniciativas propriamente filosóficas poderiam constituir outras iniciações:

Le Mal et la Souffrance, de Lavelle (Plon),[1] *Le Mal*, de Jankélévitch (Artaud) e *Essai sur le Mal*, de Nabert (P.U.F.), de rara profundidade analítica. Temos enfim uma história prática sobre o problema em *Le Problème du Mal*, de Sertillanges (Aubier).

[1] Louis Lavelle, *O Mal e o Sofrimento*. Trad. Lara Christina de Malimpensa. São Paulo, É Realizações, 2014.

CIP-Brasil. Catalogação-na-Fonte
Sindicato Nacional dos Editores de Livros, RJ

B741p

Borne, Étienne, 1907-1993
O problema do mal : mito, razão e fé - o itinerário de uma investigação. Ensaio / Étienne Borne ; tradução Margarita Maria Garcia Lamelo ; prefácio Caio Liudvik. - 1. ed. -
São Paulo : É Realizações, 2014.
160 p. ; 21 cm.

Tradução de: Le problème du mal
ISBN 978-85-8033-177-6

1. Ateísmo. 2. Mito. I. Liudvik, Caio, 1977-. II. Título.

14-16632 CDD: 211.8
CDU: 299.2

06/10/2014 07/10/2014

Este livro foi impresso pela Assahi Gráfica e Editora para É Realizações, em outubro de 2014. Os tipos usados são da família Adobe Garamond Pro e AlternateGothic2. O papel do miolo é pólen bold 90g, e o da capa, supremo 250g.